Martina Meuth
Bernd Neuner-Duttenhofer

Reiseziele für Lebenskünstler

BERLIN

Karl Blessing Verlag

Photos: Martina Meuth

Konzeption der Gestaltung: Peter Schmidt Studios

Umwelthinweis:
Dieses Buch und der Schutzumschlag wurden
auf chlorfrei gebleichtem Papier gedruckt.
Die Einschrumpffolie (zum Schutz vor Verschmutzung)
ist aus umweltfreundlicher und recyclingfähiger PE-Folie.

Der Karl Blessing Verlag ist ein Unternehmen
der Verlagsgruppe Bertelsmann.

1. Auflage

Umschlaggestaltung: Horst Schöck, Schramberg
Umschlagphotos: Martina Meuth
Karten: PWI
Gestaltung und Herstellung: Horst Schöck, Schramberg
Digitaler Seitenaufbau und Reproduktionen:
Straub Druck GmbH, Schramberg
Druck: Appl, Wemding
Bindung: Großbuchbinderei Monheim
Printed in Germany
ISBN 3-89667-139-1

Inhalt

Vorwort

In Berlin steppt der Bär – endlich. Endlich wieder! Seit die Stadt nicht mehr durch die Mauer geteilt ist, hat sie sich mit unvergleichlicher Dynamik entwickelt. Berlin: größte Baustelle des Abendlandes, Brennpunkt der sozio-kulturellen Aufbruchstimmung um die Jahrtausendwende, neues Scharnier zwischen Ost und West, Sammelbecken der Unangepassten, weltoffene Spielwiese der Szene, Zentrum der politischen Macht in Deutschland, Knotenpunkt der öffentlichen Meinungsbildung!
Deutschlands Hauptstadt sucht und findet sich mit geradezu atemberaubender Geschwindigkeit – einzige Konstante ist der Wechsel: Was heute gilt, ist morgen schon von gestern. Das Kapital von Berlin sind seine Wandlungsfähigkeit, seine Brüche, seine Neugier. Das Nebeneinander von Tradition und Moderne, von Wohlstand und Misere, von luxuriösen Neubauten und armselig verfallenden Mietskasernen. Am futuristischen Potsdamer Platz glamouröse Filmfestspiele, unter der preußisch-martialischen Siegessäule die schrille Love-Parade. Berlin: Das sind Gegensätze, offene Wunden, kulturelle Vielfalt, Hass und Gewalt neben Toleranz und Leidenschaft – Großstadtleben!

Politik und Presse, Wirtschaft und Verbände, Botschaften und Delegationen, Tagungen und Kongresse, über zehn Millionen Besucher im Jahr verlangen nach der entsprechenden Infrastruktur: Berlin verfügt wieder über eine wahrhaft weltstädtische Palette von Hotels und über Restaurants mit heimischer, deutscher, europäischer und exotischer Küche. Hier zeigen die kreativsten jungen Köche ihr Können, werden die kühnsten kulinarischen Ideen verwirklicht, treffen die Küchen und Kochstile der Welt aufeinander: Lukull hat einen unerwarteten, wahrhaft triumphalen Einzug gehalten in Berlin!
Bauern- und Gemüsemärkte, große Kaufhäuser und gut sortierte Delikatessenläden, kleine Geschäfte mit Spezialitäten aus aller Herren Länder, Wein- und Spirituosenhandlungen – sie alle halten endlich den Vergleich mit denen der westdeutschen Städte aus. Cafés, Kneipen und Bars jeglicher Couleur locken Berliner wie Besucher, zwischen cooler Eleganz und schriller Szene fehlt keine Schattierung. Gemütliche Ausflugslokale und exclusive Ressorts erwarten die Ausgleich suchenden Berliner am Stadtrand und im Brandenburger Umland.
Die Museen, Konzerthäuser, Opern und Theater

garantieren kulturellen Genuss. Auch die geradezu idealen Einkaufsmöglichkeiten locken. Darüber kann man sich in Feuilletons und Anzeigen informieren. Wer sich jedoch über Kochkunst, gute Küche und angenehme Hotels in und um Berlin herum kundig machen will, hat es nicht leicht – die meisten Führer listen eher wahllos auf, teilen mehr über die Lokalität und ihre prominenten Gäste mit als über die Qualität der Speisen und der Unterkunft, sind unkritisch und begnügen sich oft mit den eigenen Angaben der Unternehmen. Eine Ausnahme ist Bernd Matthies, der mit Sachverstand und Leidenschaft Restaurants besucht und im »Tagesspiegel« verlässlich beschreibt: Wir sind ihm dankbar, dass er uns an seinen Erkenntnissen teilhaben ließ und viele Tips gab.

Schon bevor wir dieses Buch begannen, war Berlin uns immer eine Reise wert – mehr als ein Jahr unseres kulinarischen Lebens haben wir hier verbracht! Aber zu den Erfahrungen der Jahre kam der rasende Wandel: Die Mitte stieg wie Phönix aus der Asche – und sank teilweise wieder auf das Niveau des Massentourismus. Vieles in der neuen Szene ist eher Experiment als Lebenskunst, aber allemal interessant und wichtig für die Entwicklung neuer Konzepte und Kochideen.

Das Geschehen in »Mitte« ließ den Westen nicht unberührt: Etablierte Häuser definierten sich neu, haben ihre Küche abgespeckt, wurden moderner, servieren schlankere, gradlinigere Speisen. Immer wieder musste in letzter Minute neu recherchiert, so manches Urteil revidiert und einige Kapitel umgeschrieben werden.

Natürlich haben wir Führer und Zeitschriften zu Rate gezogen, unsere Freunde befragt. Aber dann haben wir uns sozusagen durch die Stadt gewohnt und gefressen. Freilich haben wir nicht alle der über 6000 gastronomischen Betriebe Berlins besucht. Und es interessierten uns auch weniger die vielen Kneipen und Restaurants in den äußeren Stadtvierteln und Wohnbezirken, die sicherlich manchmal durchaus ordentlich sind, aber eben keine »Reiseziele«.

Was herausgekommen ist: Unser ganz persönlicher Führer – kein Anspruch auf Vollständigkeit, kein objektives Bild. Nur unser ureigener Geschmack, unsere individuellen Vorlieben waren der Maßstab. Wer uns kennt, weiß damit etwas anzufangen. Wer uns nicht kennt, vertraue sich uns bitte einfach an!

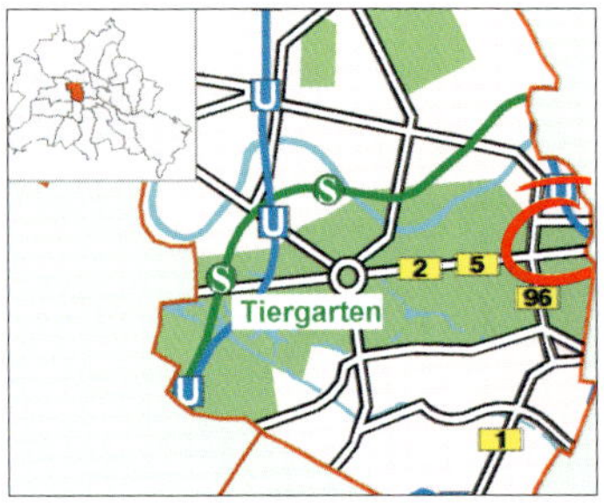

Das durchsichtige Symbol der Macht übe

Die Kuppel. Mehr braucht man nicht zu sagen – jeder weiß sofort, welche gemeint ist: Die gläserne Wölbung der makellosen Halbkugel über dem neuen Zentrum Berlins. Was für ein Bau, was für eine Geschichte! Symbol für den Zustand Deutschlands seit mehr als hundert Jahren …
Mit der Gründung des Deutschen Reichs 1871 wurde ein angemessener Sitz für die Volksvertretung nötig. Jahrelang stritt man über Standort, Baustil und Architekt. Erst 1884, nach einem zweiten Wettbewerb, konnte der Frankfurter Baumeister Paul Wallot beginnen, seinen der italienischen Renaissance nachempfundenen, in der Folge mehrfach überarbeiteten Entwurf zu realisieren. An Stelle der ursprünglich geplanten Sandsteinkuppel wurde eine vierkantige aus Eisen und Glas aufgesetzt. Türmchen und Schmuck ließen das im Grunde klar gegliederte Gebäude überladen und protzig erscheinen. Bei der Einweihung 1894 fehlte noch die Inschrift »Dem deutschen Volke«: Kaiser Wilhelm II. hatte Einspruch erhoben. Das Reichstagsgebäude, obwohl für die Abgeordneten gebaut, wurde zum ungeliebten Symbol des Kaiserreichs. Erst 1916, während des Ersten Weltkriegs, wurde die Inschrift angebracht, ein Menetekel des nahenden Untergangs der Monarchie!
Bereits zwei Jahre später rief Philipp Scheidemann aus einem Fenster des Reichstags die Republik aus. Die Weimarer Republik diskutierte den Abriss des symbolträchtigen Gebäudes. 1933, kurz nach der Ernennung Hitlers zum Reichskanzler, brannte der Reichstag. Das Gerücht, die Nazis hätten ihn selbst angezündet, verstummte nie, aber ihre Propaganda machte Kommunisten und Sozialisten dafür verantwortlich und festigte damit Hitlers Macht. Die Abgeordneten, politisch nun ohne Bedeutung, zogen in ein Opernhaus um …
1945 pflanzten russische Soldaten die rote Fahne auf die Ruine. In den sechziger Jahren wurde das Gebäude dann nach vereinfachten Plänen wieder hergerichtet und für Tagungen von Bundesorganen genutzt. Nach der Vereinigung von 1990 beschloss der Deutsche Bundestag, hier wieder seinen Sitz zu nehmen. Den Wettbewerb zur Neugestaltung gewann der britische Architekt Norman Foster. Die Reichstagsmauern sollten bestehen bleiben, hineingestellt ein neuer Bau aus Glas, in 50 Meter Höhe weit überspannt von einem flachen Glasdach. Wie einst wurde diskutiert und gestritten – und eine Kuppel gefordert. Foster entwarf sie eher widerwillig, aus Glas und Edelstahl. Sie wurde prompt zum neuen Wahrzeichen der Stadt!
Doch bevor sie gebaut wurde, sorgte 1995 ein kühnes Projekt für die Beschäftigung mit der Symbolik und Geschichte des Hauses, die Verhüllung des

Reichstag und Republik

Die phantastisch leichte, über kühn geschwungene Rampen begehbare Kuppel ist ein Magnet: Lange Schlangen vor dem Reichstagsportal künden von der Neugier der Bewohner wie der Besucher der Stadt. Das gemeinsame Warten verbindet, die einzigartige Aussicht, das Raunen der Stimmen und das Brausen des Windes schaffen eine friedliche, fast märchenhafte Atmosphäre: Die Kuppel ist Form gewordenes, formvollendetes Symbol der Begegnung, der Internationalität der neuen deutschen Republik.

Reichstags durch Christo und Jeanne-Claude. Es hatte Jahrzehnte gedauert, ehe das zweiwöchige Kunstspektakel realisiert werden konnte – die Gegner sahen die Würde des Hauses verletzt. Doch die Idee setzte sich durch, und fünf Millionen Besucher erlebten ein unglaublich beschwingtes, alle sozialen Schichten einendes Fest der Kunst. Der Mythos Reichstag war gebrochen!

Die Stimmung von damals scheint in der Kuppel von heute fortzubestehen. Da sie nicht Protz und Machtanspruch ausstrahlt, sondern in sich ruhende Eleganz und demokratische Transparenz, begegnen sich die Menschen in ihrem Schutz ganz offen, in heiterem Staunen und fröhlicher Begeisterung: eine neue Erfahrung unter den stolz wehenden Fahnen der Bundesrepublik Deutschland.

Dachgartenrestaurant im ***Reichstag***
Platz der Republik
11011 Berlin-Tiergarten
Tel: 030/22629933
Fax: 030/22629943
tägl. 9–23

Es lohnt sich kaum, der Küche wegen hier zu essen – abends gibt man sich ein wenig mehr Mühe, und es geht eleganter zu als mittags, wenn sich die Restaurantgäste mit Kaffee oder Cola trinkenden Touristen mischen. Das Konzept von Käfer bedarf dringend einer Überprüfung. Die Lage jedoch ist großartig, vor allem bei schönem Wetter, wenn man draußen auf der Terrasse sitzen kann. An einem derart touristischen Ort zahlt man freilich viel Geld, der Leistung nicht entsprechend. Allerdings: Wer hier einen Tisch reserviert, erspart sich das unter Umständen mehrstündige Warten in der Schlange vor dem Haupteingang. Ins Restaurant gelangt man rechts davon am Ende der Rampe für Behinderte. Auch die Sicherheitsprüfungen gehen dort schneller.

Bundestagssitzungen können besucht werden. Anmeldung beim Besucherdienst ***Deutscher Bundestag im Reichstag***
Platz der Republik 1
11011 Berlin-Tiergarten
Tel: 030/227-32152
oder -22152
Fax: 030/227-30027
oder -20027

Salon und gute Stube: der Pariser Plat

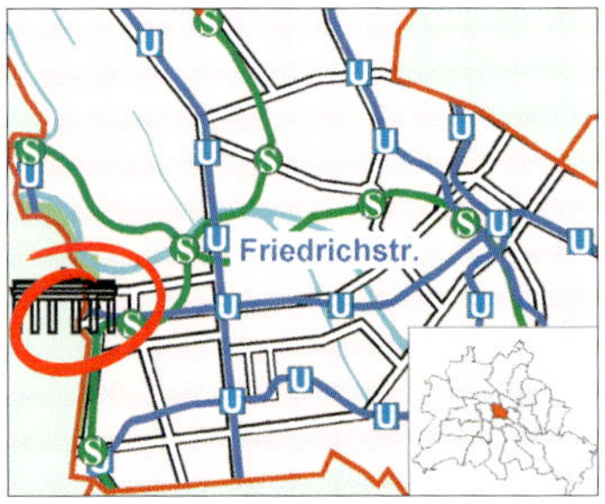

Wenn Sie nach Berlin reinkommen, gleich links!«, gab Max Liebermann lapidar seine Adresse an: Er residierte unmittelbar neben dem Brandenburger Tor mit Blick auf den Pariser Platz und die Allee der Linden. Eine privilegierte Wohnlage, denn in die anderen repräsentativen Paläste am zentralen Platz waren Banken, Botschaften und Firmensitze eingezogen. Der quadratische Platz war als Exerzierplatz, Quarré genannt, angelegt worden, ehe er 1815 seinen aktuellen Namen bekam – zur Erinnerung an die Eroberung von Paris durch die preußischen Truppen. Das mag erklären, weshalb er durch die Zeiten weiterhin nach der Hauptstadt der Erbfeinde benannt blieb, obwohl die Berliner den Anlass längst vergessen haben. »Pariser Platz« – das signalisiert für sie eher Eleganz und Weltläufigkeit! Liebermann brauchte ihn übri-

Langsam kehrt unter die Linden und an den Pariser Platz das frühere Leben zurück. Das »Café Einstein« darf mitten auf der in festlichem Gelb gekiesten Allee sogar den Flaneuren und Radfahrern den Platz streitig machen. Die Gäste verzeihen es, der Lage zuliebe, wenn der Kaffee etwas abgekühlt ankommt, weil der Ober an der Ampel warten musste!
Das »Tucher« am Pariser Platz variiert die Tradition der Zeitungscafés: Hier kann man zu Kaffee, Kuchen und netten Kleinigkeiten sogar gemütlich in Büchern schmökern.

nd die Linden

gens nur diagonal zu überqueren, um in die Akademie der Künste zu gelangen, der er ab 1920 präsidierte, bis ihn die Nazis 1933 des Amtes enthoben. Obwohl er offiziell als Jude verfolgt wurde, liebten ihn die Berliner – nicht nur seiner Kunst wegen, sondern für seine Schlagfertigkeit und seinen Witz. Und er ist, weit über seinen Tod 1935 hinaus, einer der populärsten Berliner geblieben.

Das Brandenburger Tor war 1791 errichtet worden (von C.G. Langhans), um der Allee der Linden einen würdigen Abschluss zu geben. Lange Jahre war es Symbol der Teilung, an der Grenze zwischen Ost und West, unzugänglich von beiden Seiten. Nach dem Fall der Mauer wurde es Schauplatz der trunkenen Siegesfeiern; dabei litt die Quadriga – nicht zum ersten Mal in ihrer Geschichte! 1794 war die von J.G. Schadow geschaffene Gruppe auf das Tor gehievt, aber bereits 1806 von Napoleon schon

Der Leierkastenmann am Brandenburger Tor erweckt in den Besuchern nostalgische Gefühle und kann davon gut leben. Auch die Rikschafahrer, die während der Sommermonate für gemütlichen Transport entlang der Linden sorgen, brauchen die Touristen.

wieder verschleppt worden. In Paris wurden die dabei entstandenen Schäden repariert, das Kunstwerk aber nicht aufgestellt. 1814 kam die Quadriga an ihren Platz zurück. Da sie im letzten Krieg total zerstört wurde, ließ man sie 1958 neu gießen. Allerdings erhielt sie die von K. F. Schinkel nach dem Sieg über Frankreich geschaffenen Insignien unter dem DDR-Regime nicht zurück – die wurden erst anlässlich der Reparatur von 1991 zugefügt.

Heute entsteht der Pariser Platz wieder neu, im alten Maßstab, aber modern in Stil und Ausführung, bebaut mit Banken, Botschaften, Wohn- und Geschäftshäusern sowie dem prächtigen Hotel »Adlon« – sozusagen der »Salon« der Stadt. Er bildet, zusammen mit dem Brandenburger Tor, das viel besuchte Scharnier zwischen dem Regierungsviertel um den Reichstag und der Flaniermeile der Linden. Mit der Ausdehnung der Stadt nach Westen war die Allee »Unter den Linden« bereits im 17. Jahrhundert als Reitweg entstanden. Zunächst bauten sich hier einfache Bürger ihre schlichten Häuser, doch Friedrich der Große ließ viele von ihnen abreißen und an ihrer Stelle von seinen Hofbaumeistern einheitliche, palaisartige, oft über mehrere Grundstücke sich hin-

Weniger begeistert ist man von neugierigen Touristen im Hotel »Adlon«: Nur mühsam lassen sich die Menschen zurückhalten, die sich »mal umsehen« wollen – das »Adlon« ist ein Mythos, steht für den Glanz der guten alten Zeit. Aber die Gäste wollen natürlich ihre Ruhe!

ziehende Fassaden errichten, um der Straße Ansehen zu verleihen. Dahinter durften sich die Besitzer dann bauen, was sie wollten. Eine drakonische Methode, die aber Erfolg zeitigte: Bald war es schick, hier zu wohnen. Und zu flanieren – wer sehen und gesehen werden wollte, lustwandelte trotz des märkischen Sandes, der alles mit einem staubigen Schleier überzog, auf den unbefestigten Wegen. Bald etablierten sich die ersten Weinstuben und Konditoreien. Zuerst kamen Engadiner Zuckerbäcker, die mit Eis und süßen Leckereien die Damen gewannen, für die männlichen Gäste hingegen Zeitungen und Zeitschriften auslegten, damit sie sich über die Geschehnisse der Welt informieren konnten. Heinrich Heine mokierte sich über so viel Prunk und Spiegelglanz und konstatierte, dass die Kuchen hier die teuersten und schlechtesten von ganz Berlin seien. Dann übernahmen Wiener Wirte die Führung, allen voran Bauer und Kranzler, wo die Gardelieutenants verkehrten. Ab der Mitte des 19. Jahrhunderts wurden gläserne Passagen, mondäne Hotels, üppige Geschäftshäuser mit eleganten Läden im Erdgeschoss und vornehmen Restaurants im ersten Stock errichtet, nach der Reichsgründung wurde »die gute Stube« Berlins noch prächtiger – bis der Krieg ein Ende machte. Nach dem Zweiten Weltkrieg siedelte das DDR-Regime hier Behörden an, um das Leben aus der an der Mauer endenden Straße zu verdrängen. Aber mit der Wende kam der Umschwung: Unter den silbrigen Linden geben sich Berliner und Touristen wieder ein Stelldichein.

Café
Einstein
Unter den Linden 42
10117 Berlin-Mitte
Tel: 030/2043632
tägl. 10–24

Restaurant
Theodor Tucher
Pariser Platz 6 a
10117 Berlin-Mitte
Tel: 030/22489464
Fax: 030/22489465
tägl. 9–1

Hotel
Adlon
Unter den Linden 77
10117 Berlin-Mitte
Tel: 030/2261-0
Fax: 030/22612222
www.hotel-adlon.de

Restaurant
Lorenz Adlon
Tel: 030/22611960
Fax: 030/22612222
Di–Sa ab 18
Elegantes, fast intimes Luxusrestaurant mit traditionell ausgerichteter und aufwendiger französischer Küche

Das legendäre Hotel »Adlon« wurde am alten Platz wieder aufgebaut, in alter Traufhöhe, aber mit einem zusätzlichen Stockwerk. Dadurch geriet die Lobby (links) ein wenig eng. Die Zimmer aber sind schön und lassen keinen Komfort vermissen.

»Margaux«: Luxus und Avantgarde

Wer sein Lokal »Margaux« nennt, setzt Maßstäbe: Französische Eleganz, Erstklassigkeit und Prestige der Weine von Château Margaux klingen an, die Schönheit von Margeaux Hemingway, die ihren Namen der Liebe ihres Vaters zu diesem Bordeaux verdankt. Überlegungen, die Andreas Schmitt vom »Fürstenhof« in Celle durch den Kopf gingen bei der Suche nach einem prägnanten Namen für sein neues Restaurant in Berlin. Im Château war man jedoch nicht erbaut, als er um Erlaubnis bat, diesen Begriff dafür verwenden zu dürfen. Dabei signalisierte schon die zentrale Lage Unter den Linden/Ecke Wilhelmstraße, dass hier kein Allerweltslokal entstehen sollte. Es überzeugte schließlich der Antragsteller selbst: Von Andreas Schmitt, bis vor wenigen Jahren Chef der »Schweizer Stuben« in Wertheim-Bettingen, damals eines der Spitzenrestaurants unseres Landes, hatte man auf Margaux schon gehört.

Es war das reine Glück, dass Schmitt die Räume in dem vom Architekten Kollhoff erbauten Gebäude mieten, sogar noch, in letzter Minute, die Innenausstattung bestimmen konnte! Er gewann Hanne

Veau et foie gras

Geschmorte Kalbshaxe und Gänsestopfleber, jeweils in hauchdünnen Schichten übereinander gesetzt, dabei in ein aromatisches, sanftes Kalbsgelee gebettet. Dazu drei delikate Miniaturen: Die winzige Zwiebel ist ausgehöhlt und mit einem saftigen Kalbsschwanzragout gefüllt, der pochierte Selleriewürfel duftet nach Orangenschale, und Streifen von Sellerie sind es auch, die ein Apfelkügelchen umhüllen. Der Sauce, ein klarer Jus, gibt Paprikapulver gehörig Pep. Eine Vorspeise, die durch ihre Akkuratesse ebenso beeindruckt wie durch die Vielfalt ihrer Geschmäcker.

Mitte

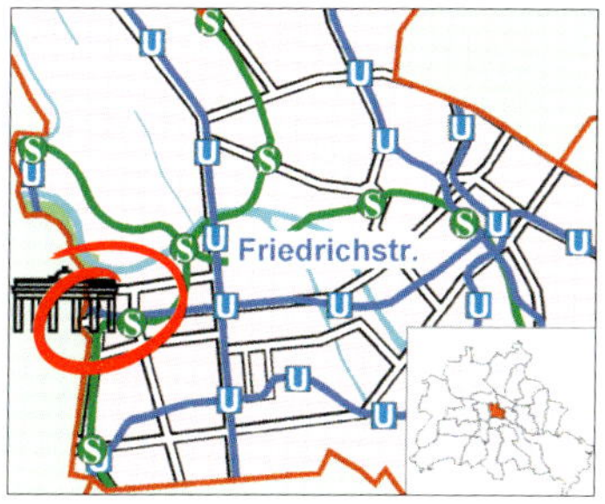

Langoustine

Unter dem duftigen Schaum im Tässchen versteckt sich eine intensiv estragonwürzige, klare Essenz von Langoustinen. Das sind jene Krustentiere, die auf Italienisch Scampi heißen und die man so selten in solch makelloser Frische und damit in derart perfekter Beschaffenheit wie hier bekommt: saftig, knackig und zugleich schmelzend zart – und mit würzigem Fond überglänzt. Dazu Spargel, längs in spaghettifeine Streifen geschnitten und gedünstet.

St. Pierre

Ein Stück Petersfischfilet, so perfekt gedämpft, dass es durch und durch saftig ist und daher genau den richtigen Biss bietet – der Gegensatz zum Schmelz der lauwarmen Auster und zum sanft geschmorten jungen Lauch ist geradezu verblüffend! Verbindung zwischen diesen drei Konsistenzen schafft die Sauce aus Kalbsjus, der ein Hauch von Limonensaft Frische und ein herbes Parfüm verleiht. Wobei die Kombination von Meeresduft und Fleischwürze kaum mehr staunen macht.

Turbot

Ein dickes Stück vom Steinbuttfilet wurde behutsam poeliert, also unter ständigem Schwenken in Butter und Fond gegart. Es sitzt in einem Nest von in feine Streifen geschnittenem Sauerampfer, der mit seiner kräuterigen Säure angenehm in Kontrast zur milden Süße von Hummer und Spargel steht, beides als Tatar gewürfelt. Ebenso winzig und akkurat sind die Apfelwürfel, die nur ganz kurz gedünstet und auf dem Fisch angerichtet wurden. Sie bringen zusätzliche Fruchtigkeit. Umgeben und beträufelt ist alles mit konzentriertem Fond, den man mit Schwung über den Teller gekleckst hat.

Rouget

Saftiges Rotbarbenfilet, auf der Hautseite knusprig gebraten und auf einem zweifarbigen Bett angerichtet: links ein sahnig-cremiges Kartoffelpüree, daneben gehackter Spinat. Zwei Saucen setzen gegensätzliche Akzente: eine sanfte aus Spinat und eine intensiv würzige auf Rotweinbasis. Blanchiertes Ochsenmark in kleinen Würfeln gibt der Sache eine überraschende Fülle und schafft die Verbindung zwischen den einzelnen Bestandteilen.

Die drei vom »Margaux«: Küchenchef Michael Hoffmann, rechts Sommelier Rashan Zhoúleh mit seinem dicken »roten Buch«, der Weinkarte. Links der stets gut gelaunte Restaurantleiter Ralph Fränkel.

APFEL

Ein witziger Zwischengang, auf einer Onyxscheibe serviert: (von links) ein mit Honig und hitzigem Curry gewürztes Püree, aufgelockert mit Sahne und als Tupfer auf die Platte gespritzt. Im runden Löffel ein Gelee aus Apfelsaft von schmelzend zarter Konsistenz. Und schließlich ein erfrischendes, kühles Sorbet, mit einer getrockneten, zuckerglasierten Apfelscheibe garniert.

Nalbach dafür, die schon bei der Gestaltung der Bundespressekonferenz (S. 24) ein gutes Händchen für Stil, Farbe und Atmosphäre bewiesen hatte. Sie schuf ein ebenso elegantes wie beschwingtes Ambiente: der spiegelblanke Boden aus schwarzem Marmor, das weiche, von warmtönigem Onyx gefilterte Licht, die fröhlichen Farben, vom Rot und Gelb der Sessel bis zu den temperamentvollen Bildern der Prinzessin Schleswig-Holstein – alles kostbar, erlesen und schön, dabei unaufdringlich und bescheiden. Ein großzügiges, ein weltstädtisches Lokal!

Genauso ist die Küche: Im Mittelpunkt das Produkt von höchster Qualität, die Gerichte so kunstvoll wie meisterlich, dabei immer wieder verblüffend – mal durch Kontraste, mal durch Harmonie. Küchenchef Michael Hoffmann verbindet die Perfektion französischer Kochkunst mit neuen Ideen, variiert klassische Zusammenstellungen mit kreativem Mut und liefert auf der Speisenkarte jeweils die Erklärung dazu. »Avantgarde-Classique« nennt er seinen Küchenstil. Was man etwa so übersetzen könnte: Wer auf Tradition baut, kann leicht zum Himmel stürmen und nach Sternen greifen. Natürlich ist auch der Weinkeller ebenbürtig, den Sommelier Rashan Zhoúleh mit Sachkunde und Leidenschaft betreut. Die kiloschwere Weinkarte führt mehr als 650 Positionen, darunter viele Jahrgänge Château Margaux.

Edel, aber nicht pompös wünscht sich Andreas Schmitt sein Restaurant »Margaux«, deshalb stehen auf den gedeckten Tischen keine Glasbatterien, sondern nur Wassergläser. Die Weingläser werden gebracht, sobald die Gäste sich entschieden haben.

Perlhuhn

Rosa gebratene Brust mit knuspriger Haut, angerichtet auf Spargel und einer Sauce aus Spargelspitzen und Morcheln. Die Keule wurde mit den Innereien gefüllt und mit ganzen Schalotten langsam in Rotwein geschmort – ganz ähnlich wie Bœuf Bourguignon.

Rehrücken

Das vom Knochen gelöste Fleischstück, eingewickelt in einen hauchdünnen Mantel aus Briocheteig, dem rosa Pfefferkörner Biss und Würze geben, wurde so behutsam gebacken, dass es innen perfekt rosa ist. Dazu ein Ragout von säuerlichen Äpfeln. Als Sauce der klare Bratenjus – nur mit ganz wenig Butter aufgemixt, damit er schön glänzt – und ein duftendes Kräuteröl, das auch farblich einen hübschen Kontrast setzt. Die in der Pfanne knusprig gebratenen Kartoffelscheiben haften dank ihrer Stärke aneinander und stehen wie ein Segel auf dem Teller.

Waldmeister

Ein hauchzartes Parfait von säuerlicher Frische und mit dem herrlich würzigen Frühlingsduft. Himbeeren lassen bereits den Sommer ahnen, und die knusprige Krokantscheibe verleiht süßen Biss.

Schokolade

Ein ingwerduftendes Schokoladentörtchen auf bittersüßer, tiefdunkler Schokoladensauce, obenauf ein mildes Eis aus weißer Schokolade. Die Mandelhippe stützt sich auf einen Schokostab.

Petits fours

Zum Abschluss eine Auswahl von Leckereien, jede für sich ein kleines Kunstwerk: auf ein Stück Vanillestange gefädelte Himbeeren, ein Reif aus Mandelhippenteig mit einem Netzboden aus weißer Schokolade, Schokogebäck, ein Stück vom Mini-Apfelkuchen und ein Vanilletörtchen mit Karamell.

Restaurant
Margaux
Unter den Linden 78
Eingang Wilhelmstraße
10117 Berlin-Mitte
Tel: 030/22652611
Fax: 030/22652612
Mo–Sa 12–15
und ab 19

Ein Heim, nicht nur für Künstler!

Die Christos haben die Koffer gar nicht erst ausgepackt, sondern sind gleich in ein richtiges Hotel gezogen. Damals, als das Künstlerpaar den Reichstag verpackte, hatte das »Künstlerheim« zwar bereits einen Ruf als Heimstatt für (allerdings eher mittellose) Künstler, verlangte aber von den Besuchern angesichts des mangelnden Komforts eine Menge Nachsicht und Humor. Das Gebäude neben der S-Bahn in der Luisenstraße war 45 Jahre nach Kriegsende noch immer eine Ruine. Dass Mike Buller und Torsten Modrow, die schon vor der Wende davon geträumt hatten, hier einen Treffpunkt für Künstler einzurichten, in Christian Brée einen Partner fanden, der Sinn für die Kunst wie auch fürs Geschäft mitbrachte, war ein Segen. Heute ist der klassizistische Bau, vom Reichstag nur einen Steinwurf entfernt, bildschön herausgeputzt.

Oben die »Suite«, vom Kölner Künstler Oliver Jordan gestaltet. Er hat sie »Baustelle Deutschland – Berlin erwacht« genannt, mit Bildern von Berlin und Bonn sowie mit Portraits von deutschen Intellektuellen, wie Brecht, Böll, Grass, Dutschke, Anna Seghers und seinem Lehrmeister Beuys ausgestattet. Das Treppenhaus, links, eine kühne Holzkonstruktion, wurde zur Himmelsleiter des Berliner Philosophen Wilhelm Schmid, dessen Sätze zur Lebenskunst als Schriftinstallationen den Gast vom Erdgeschoss bis ganz hinauf begleiten.

Die Lobby licht und weit, mit Regalen voller (käuflicher) Literatur über die hier tätig gewordenen Künstler. An der Wand die Skulptur »Der Spitzenreiter« des Kölners Hans van Meeuwen.

Die 32 Zimmer verfügen nicht nur alle über ein komfortables Bad, es ist ein jedes zum Kunstwerk geworden! Vom Umsatz »seines« Zimmers bekommt jeder Künstler einen Anteil. Wer rechtzeitig reserviert, kann sich aussuchen, in welcher Umgebung er nächtigen will. Die Zimmer könnten gar nicht unterschiedlicher sein! Literatur über die Künstler und ihre Themen auf den Nachttischen verhilft zu besserem Verständnis. Selbst an das entscheidendste Requisit ist gedacht: Ohrstöpsel. Es ist die wichtigste Bahnstrecke der Stadt, die neben dem Haus verläuft – 1200 Züge täglich, da helfen auch die dreifachen Fenster nicht wirklich.
Im Erdgeschoss die Brasserie »Sion«, beileibe nichts Biblisches, auch kein französisch auszusprechendes Wort: So heißt die Brauerei, die das Kölsch liefert, das hier aus dem Zapfhahn strömt. Chef ist Jürgen Fehrenbach, der schon im »alten« Berlin zur Topgarde gehörte und inzwischen auch die Großgastronomie im »Haus der Kulturen der Welt« betreibt (siehe auch Seite 78).

Gemüseterrine

Geröstete, gehäutete rote Paprika abwechselnd mit längs aufgeschnittenen Zucchini und Auberginenscheiben (in Olivenöl gebraten und mit Salz und Pfeffer gewürzt) dicht und fest in eine Terrinenform geschichtet. Nach dem Abkühlen halten die Gemüse dank der gelierenden Wirkung ihrer Säfte zusammen. Je eine Scheibe davon wird mit Pesto und bunt gemischten Salatblättern angerichtet.

Künstlerheim Luise
Luisenstr. 19
10117 Berlin-Mitte
Tel: 030/284480
Fax: 030/28448448
www.kuenstlerheim-luise.de

Brasserie Sion
tägl. 12–24
Tel: 030/28545491

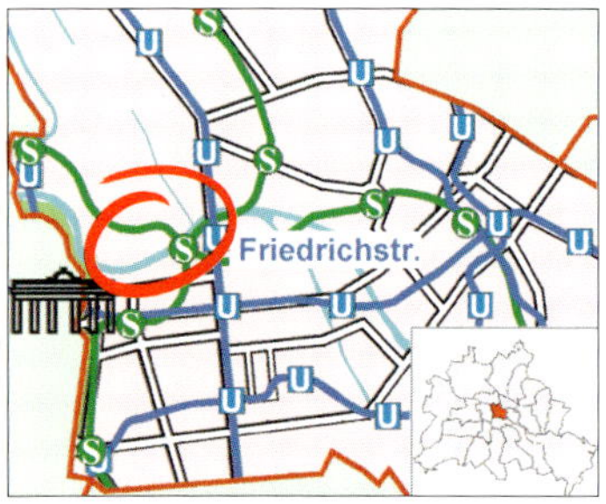

Nur noch ein ganz normaler Haltepunk

Bis vor wenigen Jahren war hier absolute Endstation. Hässliche Schranken und grau gestrichene Eisentore verwehrten dem Fahrgast nicht nur den Zutritt zur anderen Seite des Bahnsteigs, sondern sogar den Blick. Wer rüber wollte, musste einen endlosen Slalom durch stickige, neonbeleuchtete Korridore zurücklegen, auf Papiere und Stempel warten – einziger Lichtblick: die steuerfreien Zigaretten, die man am Kiosk kaufen konnte ...
Heute ist die grandiose Eisenkonstruktion der eindrucksvollen Zwillingshallen des Bahnhofs Friedrichstraße über den die Spree querenden Gleisen sorgfältig restauriert. Was zu DDR-Zeiten verhängt und verrammelt war, wurde freigelegt, längst ist der Bahnhof wieder zu einem der verkehrsreichsten Knotenpunkte des Berliner S- und U-Bahnnetzes geworden, mit Läden, Kneipen, Imbissbuden und quirligem Leben. Die Antiquitätenläden, die sich in den S-Bahn-Bögen von der Friedrichstraße ab Richtung Museumsinsel eingerichtet haben, sind zum Mekka der Sammler geworden. Und der Schiffbauerdamm, der sich auf der anderen Seite des Ufers die Spree entlang bis zum Bertolt-Brecht-Platz schwingt, zur Restaurantmeile.

Bahnhof Friedrichstraße

Schon zu Helene Weigels oder Heiner Müllers Zeiten war das »Ganymed« neben dem berühmten BE, dem Theater des »Berliner Ensemble«, eine der begehrtesten gastronomischen Adressen der Stadt. Heute hält hier Peymann Hof, und man sagt, dass seine in Wien geschulten kulinarischen Ansprüche das Niveau der Küche herausgefordert haben. Man sitzt sehr gemütlich in dem liebevoll restaurierten Ecklokal. Prachtvoller, weiß getünchter Stuck, geätzte Fensterscheiben und das stattliche, verschnörkelte Buffet aus der Zeit um die Jahrhundertwende bieten Atmosphäre. Das in dekorative, bodenlange, weiße Schürzen gehüllte Servicepersonal ist fröhlich, die Küche meist erfreulich. Es gibt Salate, originelle kleine Bistrogerichte, vorzugsweise guten Fisch. Die Weinkarte allerdings könnte raffinierter sein, um den stolzen Preisen zu entsprechen ...

Bis zur nächsten Ecke, der Albrechtstraße, reiht sich ein Lokal ans andere die Uferstraße entlang. Darunter sticht das »Engelbrecht« mit seinem angenehm schlichten Ambiente hervor. Dunkle Holzstühle, weiße Tischwäsche, Bistrospiegel an den Wänden Dass man auch ohne Reservierung immer wieder einen freien Platz findet, ist vielleicht ein Zeichen, dass die Küche noch nicht ganz so zuverlässig ist, wie man sich das als Gast wünscht. Dabei sitzt man hübsch hier, und die Karte kann immer wieder mit originellen Einfällen überraschen. Sobald die Qualität verlässlicher ist, wird sicher auch die Nachfrage steigen. Mit der hat der Würstchenverkäufer vor dem Haupteingang zum Bahnhof kein Problem. Er kann seine Würstchen konkurrenzlos billig anbieten. Weil er seinen Laden, sogar regensicher!, um den Bauch geschnallt selber trägt, spart er Kosten: Sein Standplatz ist umsonst. Hoffentlich steckt er die Ersparnis in die Qualität der Würstchen!

Restaurant
Ganymed
Schiffbauerdamm 5
10117 Berlin-Mitte
Tel: 030/28599046
Fax: 030/28599047
tägl. 12–2

Restaurant
Engelbrecht
Schiffbauerdamm 6–7
10117 Berlin-Mitte
Tel: 030/28598585
Fax: 030/28598587
Mo–Sa 18–24

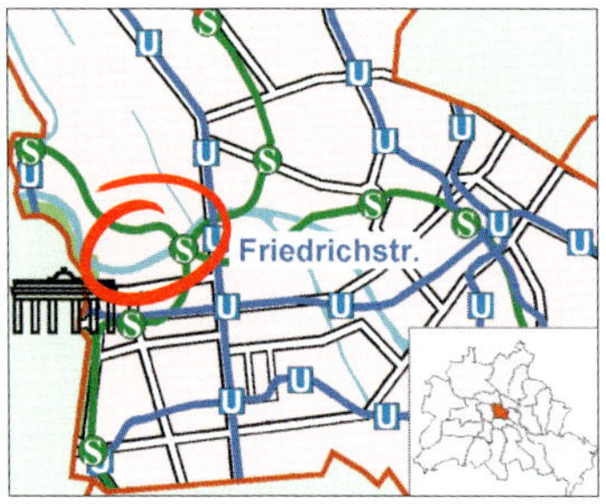

Die »StäV«: Rheinische Heimsta

Niemand hat je daran gezweifelt, dass in einem geeinten Deutschland Berlin die Hauptstadt sein würde. Aber kein Mensch hat sich vorgestellt, dass es so weit kommen könnte. Für viele war das Entsetzen groß, als das Parlament am 20. Juni 1991 mit äußerst knapper Mehrheit sich entschied, vom Rhein an die Spree zu ziehen. Einer der erbittertsten Gegner des Umzugs war Friedel Drautzburg, in Bonn als Gastronom buchstäblich eine Lokalgröße, in dessen Kneipe sich Politi-

ker wie Journalisten zu Hause fühlten. Als überzeugter Demokrat beugte er sich der Entscheidung, und als weitsichtiger Geschäftsmann ging er sofort daran, Quartier zu machen.

Das Lokal mit seiner idealen Lage, Ecke Schiffbauerdamm/Albrechtstraße, direkt neben dem Regierungsviertel und gegenüber dem Bahnhof Friedrichstraße zu finden, war Glück. Dass daraus in

Himmel & Äad

Das Nationalgericht der Rheinländer – hier schmeckt es wunderbar: Ein erstklassiges Kartoffelpüree, duftig und locker, wie es nur gelingt, wenn man es frisch zubereitet. Die »Flöns«, auf Deutsch Blutwurst, ist mit Piment und Muskatblüte gewürzt und herrlich kross gebraten. Das begleitende Apfelmus (»unser Geheimrezept!«) mit ganzen Apfelstücken duftet intensiv nach Zimt. Die Zwiebeln obenauf sind, wie es sich gehört, so langsam weich geschmort, dass sie gleichzeitig saftig und ganz leicht karamellisiert sind.

n Berlin

Friedel Drautzburg, der Alt-68er mit weißem Schopf, erklärt mit ausholender Geste seine Kunstobjekte: An der Stirnwand eine Installation des Ostberliners Wolf Leo. Um die zahllosen Szenen zu entziffern, mit denen er den DDR-Alltag schildert, braucht es viele Kölsch! Das fließt in der »StäV« in Strömen. Nicht nur zur Freude heimwehkranker Bonner Abgeordneter, auch zur stetig steigenden Begeisterung der immer an Neuem interessierten Berliner.

kürzester Zeit eine der erfolgreichsten Kneipen Berlins wurde, ist aber sein und seines Partners Harald Grunert Verdienst. Den Namen »Ständige Vertretung« (oder »StäV«, wie man das Büro von Günther Gauss, Bonner Botschaftsersatz in Ostberlin, im Bürokratendeutsch der siebziger Jahre abgekürzt hatte) konnten sie sich rechtlich sichern. Dass es hier fast rund um die Uhr brummt, liegt am Konzept: Es gibt viel zu gucken, die Wände sind gepflastert mit Erinnerungsstücken und Devotionalien unserer Republik. Photos und Karikaturen von großen und kleinen Ereignissen, von vertrauten und auch von schon vergessenen Politikern. Es sind Kunstobjekte zu besichtigen, Lampen aus dem Petersberghotel, und auf manchen der Tischplatten wurden 50 Jahre lang Bonner Staatsfahnen genaht ... ein lebendiges, herrlich skurriles Museum.

Restaurant
Ständige Vertretung
Schiffbauerdamm 8
10117 Berlin-Mitte
Tel: 030/2823965
Fax: 030/28598735
tägl. ab 11 (Sa 16), open end

Zum Imperium Drautzburg/Grunert gehören inzwischen noch weitere Objekte: Direkt gegenüber der StäV und ebenso stimmig eingerichtet das italienische Pendant:

De kölsche Römer
Albrechtstraße 12
10117 Berlin-Mitte
Tel: 030/27594623
tägl. 11–open end

Hier gibt es italienische Weine, kleine Vorspeisen, pannini und jede Menge Nudelgerichte.

Und nur ein paar Schritte weiter, um die Ecke, die

Weinstube
Piccolo
Reinhardtstraße 37
10117 Berlin-Mitte
Tel: 030/28047323
Fax: 030/28047324
tägl. 11–open end

Das traditionsreiche Ostberliner Theaterlokal ist eine veritable Weinkneipe geworden – man kann hier Wein wie Bier trinken, ohne etwas zu essen, oder auch Kleinigkeiten bestellen. An den Wänden Photos prominenter Politiker der Bonner Republik.

Bei der Bundespressekonferenz zu Gast

Wer weiß schon, wer oder was die Bundespressekonferenz ist? Nachrichten aus der Bundespolitik wären ohne sie kaum möglich! Es handelt sich um einen Verein, dessen »Zweck es ist, am Regierungssitz Pressekonferenzen zu veranstalten, um seinen Mitgliedern Informationen und Überblick zu verschaffen, und zwar über die jeweils aktuellen Themen der Bundespolitik«. Der Verein, dem etwa 900 deutsche Journalisten angehören, ist mit der Regierung von Bonn nach Berlin gezogen. Seit Mai 2000 residiert er standesgemäß in einem eindrucksvollen Gebäude (erbaut vom Architektenehepaar Nalbach) am Schiffbauerdamm, von Reichstag und Kanzleramt lediglich durch die Spree getrennt. Auch die ausländische

Spargelrisotto

Rundherum ein Vergnügen: die richtige Reissorte (Carnaroli), perfekt zubereitet. Spargel wie Reiskörner haben den nötigen Biss, es verbindet sie die Cremigkeit, die man sich für einen Risotto wünscht. Ein Schuss Wein sorgt mit seiner Säure für Leichtigkeit, Schinkenfleckerl geben Kraft.

Den transparenten Nachrichtensaal der Bundespressekonferenz kennt man längst aus den Nachric

Presse ist hier untergebracht, sowie der Deutsche Presseclub der 100 Hauptstadtkorrespondenten. Offen für jedermann sind Bistro und Restaurant im Erdgeschoss. Josef Viehhauser, der österreichische Gastronom aus Hamburg, betreibt beides und hat so neben dem »Vau« in der Jägerstraße ein zweites Standbein in Berlin: Im Bistro gibt es Frühstück und bis Mitternacht Snacks und Kleinigkeiten, herzhafte Tellergerichte, ein Gulasch etwa oder raffinierte Pasta. Allen, die mehr Muße haben, serviert Küchenchef René Conrad im Restaurant ein feines Menü mit den passenden, erlesenen Weinen.

Viehhauser im Presseclub
Schiffbauerdamm 40
10117 Berlin-Mitte
Tel: 030/2061670
Fax: 030/20616767
Restaurant:
tägl.
12–15 und 18–24
Bistro:
tägl. 8–24

Kalbs-Tafelspitz

Eine dicke Scheibe vom sanft gesottenen Kalbfleisch, durch und durch saftig. Als Gemüse dazu wurde das Wurzelwerk nicht einfach mitgekocht, sondern in Bratenjus geschmort, der auf dem Teller das Fleisch wie eine Sauce umfließt. Das belebt auch dessen eigentlich milden Geschmack. Ebenso köstlich: das intensiv würzige Lauch-Kartoffelpüree mit angenchm grober Struktur und appetitlich grüner Farbe.

Im Bistro (oben links) hängen wie im Restaurant (unten) Berlinbilder von Oliver Jordan, der hier im Bistro mit Josef Viehhauser und Freunden Kaffee trinkt. Eine Mahlzeit im Restaurant beginnt stets mit einer Auswahl feiner Häppchen (oben): Crostino, Pizza, Paté.

Szene zwischen schrill und still

Mitten in Berlin und doch ein wenig abseits; einerseits ganz Szene und Kult, andererseits noch unverbraucht; hier Melange aus westlich-alternativem Nonkonformismus und östlich-spießigem Mief, dort punk, hip und heavy; schrille Avantgarde neben stiller Idylle: Das sind die aufregenden Gegensätze des nördlich der Spree gelegenen Teils von Mitte, der Spandauer Vorstadt. Das einstige »Scheunenviertel«, bis in die zwanziger Jahre der Kiez der Kieze, wird heute nur noch von den Rattenfängern des Tourismus so genannt, um auch dem unbedarftesten Provinzler klar zu machen, dass hier der Bär steppt und das Laster haust, man ihnen das Geld umso leichter aus der Tasche ziehen kann.

In der westlich davon gelegenen Dorotheenstadt herrscht rund um das herausgeputzte Deutsche Theater noch erstaunliche Ruhe. Das große Geld scheint nicht so recht begriffen zu haben, dass es nur ein Katzensprung ist über die Spree hinüber ins Regierungsviertel. Aber sensiblere Zeitgenossen haben den Reiz der Lage entdeckt: Redaktionsbüros, Cafés, Weinstuben, Bars und Restaurants richten

Das Deutsche Theater in der Schumannstraße wurde 1883 eröffnet. Hier brachte Otto Brahm mit ungewohnt realistischen Inszenierungen die Stücke Ibsens, Gerhart Hauptmanns und Arthur Schnitzlers zu triumphalen Erfolgen. Ihm folgte 1905 der geniale Max Reinhardt, der von der bis dahin üblichen naturalistischen Darstellung abrückte, sie auf eine eher psychologische Basis stellte und damit das moderne Regietheater erfand. Das Haus verfügte immer über ein erstklassiges Ensemble, fast alle der großen, längst Legende gewordenen Stars zeigten hier ihre Kunst. Unter der Leitung des scheidenden Thomas Langhoff blieb das Theater eine von Deutschlands führenden Bühnen.

DEUTSCHES THEATER
EMMA EMMELIE

sich neben Antiquitäten- und Trödelläden ein, immer mehr der mit Brettern verschalten oder zugemauerten Läden machen wieder auf.

An der Friedrichstraße zeugt der Friedrichstadtpalast von den Anstrengungen der DDR, ihrer Hauptstadt »Weltniveau« zu verleihen: Nachdem der alte Palast baufällig geworden war, errichtete man kurzerhand ein paar Meter weiter im realsozialistischen Prunkstil das neue Haus, in dem seit 1984 das Ballett mit den »schönsten Beinen des Sozialismus« durch seine Perfektion tatsächlich Furore machte. Erstaunlicherweise gelang es nach der Wende, den Friedrichstadtpalast für glamouröse Shows mit kleinbürgerlich-sanfter Erotik am Leben zu erhalten – einzigartig in Deutschland.

An der Ecke Oranienburger Straße das »Tacheles«. Schon kurz nach der Maueröffnung – noch in der DDR – hatten Spontis und Künstler die leer stehende Ruine eines Kaufhauses besetzt und vor dem Abriss bewahrt. Ateliers, Skulpturengarten, ein Café, ein Theater mit Probenräumen und ein Kino wurden eingerichtet, die riesige bemalte Wand ist Symbol für das unangepasste, chaotische, brutale, expressive neue Berlin. Jetzt reifen zum wiederholten Male Pläne für eine zeitgemäße Bebauung.

In der Spandauer Vorstadt kann man das alte Berlin noch entdecken, aber man muss sich beeilen. Die Häuser gammeln meist wenig malerisch vor sich hin – ruinöse Brandmauern, blätternden Putz, Rostlauben und wuchernde Spontanvegetation empfindet nicht jeder als Idyll –, doch allenthalben wird gebaut. Neue Büro- und Wohnhäuser, im Erdgeschoss Bars und Restaurants in tödlich coolem Design; längst nicht alle sind erfolgreich, nur zu oft können die hohen Ansprüche nicht realisiert werden oder bleibt die entsprechende Kundschaft aus. Dagegen boomen die mit kleinen Preisen und simplem Angebot minderer Qualität lockenden Szene-Kneipen, Coffeeshops, Bagel-Buden, Sushi-Bars und Pizzerien in den unrenovierten Altbauten. Aber die hintereinander gestaffelten Gewerbehöfe, in denen einst unter ei-

Das »Jubinal« Ecke Tucholsky-/Auguststraße ist ein beliebter Szenetreff – gute Weine, beste Whiskys und prima Espresso (Illy). Hier findet im Kleinen statt, was im Postfuhramt an der Oranienburger Straße im Großen abgeht: Live-Musik, Performances und Lesungen. Das »Leinen-Kontor« der Textildesignerin Eva Endruweit ist eine Fundgrube für alle, die dieses Naturprodukt lieben: Erstens ist es hier billiger als in den feinen Wäscheläden des Westens, zweitens kann man Tischdecken und Bettwäsche in unterschiedlichsten Leinen aus ganz Europa finden. Ihre ganze Freude: Die Leute kaufen bei ihr nicht einfach Stoffe, sondern Erinnerung: »Wie bei Oma!« Auf der linken Seite das »Tacheles«.

Restaurant
Witzmann
Reinhardtstraße 33
10117 Berlin-Mitte
Tel: 030/28045701
Fax: 030/28045702
tägl. 12–1

Im Haus der »Frankfurter Rundschau« gibt es zu angemessenen Preisen bodenständige, regional geprägte Küche.

Weinbotschaft
Reinhardtstraße 37
10117 Berlin-Mitte
Tel: 030/42 80 94-57
Fax: 030/42 80 94-58

Gleich neben dem »Piccolo« (siehe Seite 25) kann man im Laden kaufen, was einem dort geschmeckt hat – und noch viel mehr: Die Sommelière Sylvia van Aans berät kundig.

Bar
Jubinal
Tucholskystraße 34
10117 Berlin-Mitte
Tel: 030/28387377
Fax: 030/28387378
tägl. ab 19

Leinen-Kontor
Tucholskystraße 22
10117 Berlin-Mitte
Tel: 030/28390277
Fax: 030/28390278

Das moderne Alt-Berlin: Heckmann-Höfe.

nem Dach gewohnt und gearbeitet wurde, bieten ideale und unerschöpfliche Möglichkeiten für Ateliers und Studios, Werkstätten und Wohnungen, Geschäfte und Galerien, Kneipen und Cafés. Die Spandauer Vorstadt ist das Soho von Berlin – und so wie in New York die moderne amerikanische Lebenskultur aus der alternativen Szene erwuchs, entstehen hier neue Treffpunkte für Lebenskünstler.

Schon gelungen ist dies mit den Heckmann-Höfen zwischen Oranienburger und Auguststraße, überragt von der goldverzierten Kuppel der Synagoge. In den ehemaligen Stallungen haben sich witzige Modegeschäfte und Designerläden eingerichtet, in der Remise, wo einst die Kutschen untergebracht waren, das Bistro »McBride's«. Keine aufregende, aber eine angenehm gradlinige Bistroküche mit mediterranem Einschlag. Dazu eine kluge Weinkarte mit ausführlichen, informativen Erklärungen – hier kann man lernen, Wein zu genießen! In den umgebenden Gebäuden Büros, Lofts und Wohnungen. Während im

Schwarze Pasta

Mediterran und leicht: Mit Tintenfischtinte gefärbte Bandnudeln sind bissfest gekocht und mit einem Sugo aus Meeresfrüchten angerichtet: winzige Tintenfischchen *(moscardini)* und Garnelen mit frischen Tomaten und in Stücke geschnittenen Frühlingszwiebeln kurz gedünstet, dann – nicht gerade sehr italienisch, aber in Berlin beliebt – mit einem guten Schuss Sahne besänftigt.

Baustellen, Gerüste, Unfertiges: Die Menschen in Mitte haben sich daran gewöhnt, dass es noch lange Zeit so bleiben wird.

Das Galeriecafé »Silberstein«: gleichzeitig gastronomischer Betrieb und Gesamtkunstwerk aus käuflichen Einzelteilen.

Der Kastanienbaum und das Pflaster im Kunsthof an der Oranienburger Straße vertiefen die Ruhe, welche die klassizistischen Gebäude ausstrahlen – charakteristisch für die Flucht des Bürgertums ins Häusliche im Zeitalter der Restauration. Modegeschäfte und Galerien haben sich hier angesiedelt. An der Hofeinfahrt das Café »Silberstein«: Man sitzt auf Kunstwerken, kann Kaffee trinken, Sushi essen. Die expressionistischen Wandgemälde, Jahrzehnte unter Farbe verborgen, wurden gerettet – man weiß nicht mehr, von wem sie stammen. Aber das »Silberstein«, zu DDR-Zeiten eine orthopädische Werkstätte, verrät seine Geschichte im Namen: Es war einst eine jüdische Konditorei.

Hof ein zauberhafter Garten erblüht, wartet der Zugang noch auf seine Vollendung ...

Nirgendwo sonst in Berlin zeigt sich so ungeschminkt, wie die Eroberung durch das Geld den Charakter des urbanen Raums verändert: Die (freilich unbedingt notwendige!) Sanierung der Altbauten und der damit verbundene Nutzungswandel verändert natürlich auch die Sozialstrukturen. Der Kiez stirbt. Die angestammte, behäbige Bevölkerung zieht weg. Menschen mit anderen, lautstärkeren Lebensgewohnheiten quartieren sich ein. Nicht mehr alte DDR-Bürger, sondern eine aufmüpfige, multikulturelle, teils nihilistisch brutale, teils alternativ romantische Jugend bestimmt das Straßenbild. In der einen Bar Junkies und Schläger; in jenem Café Yuppies und smarte E-Commerceler; in einer Kneipe russische Künstler und jüdische Schauspieler, in der nächsten türkische Arbeiter und afrikanische Studenten; auf der Straße Nutten in grell leuchtenden Slips und Bier saufende Boys in Leder und Ketten mit Kampfhunden; hier Berliner Stadtneurotiker und dort Touristen aus aller Welt: Mitte im Umbruch – Megakult.

Café & Weinlokal
McBride's
Oranienburger Straße 32
10117 Berlin-Mitte
Tel: 0 30 / 28 48 64 61
Fax: 0 30 / 28 38 64 63
Mo–Do 15–1,
Fr–So 11.30–1

Galeriecafé
Silberstein
Oranienburger Straße 27
10117 Berlin-Mitte
Tel: 0 30 / 2 81 20 95
tägl. Frühstück ab 10,
Sushi von 16–open end

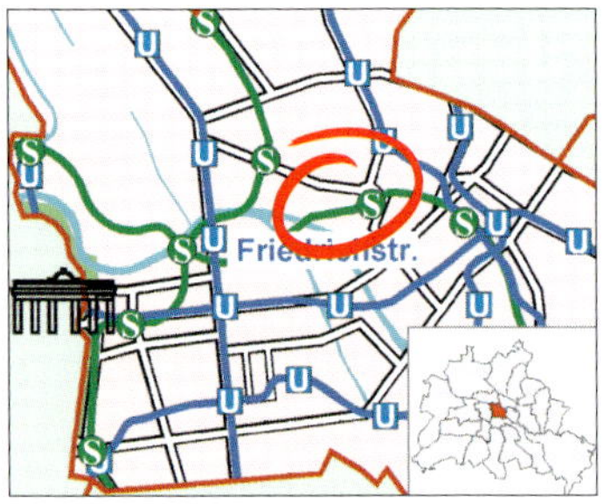

Das Restaurant »Adermann«

Ein Herr Adermann hat das stattliche Haus an der Oranienburger Straße, gleich neben der Synagoge, Mitte des 19. Jahrhunderts erbaut. Ein Gastwirt, der hier eine Tabagie betrieb – nichts anderes übrigens als eine vornehme Umschreibung für »verräucherte Kneipe«. An diese Tradition anknüpfend sollte hier ein feines Restaurant entstehen, diesmal in der Beletage. Leider scheiterte das Unternehmen bald. Dabei hatte man weder Aufwand noch Kosten gescheut, die herrschaftlichen Wohnräume, damals für den wohlhabenden Fabrikanten Goldberger kostbar ausgestattet, entsprechend zu restaurieren. Es hatte längerer Diskussionen bedurft, bis das Denkmalamt Publikumsverkehr erlaubte. Es galt, einen erlesenen, kunsthistorisch äußerst wertvollen Parkettboden zu schützen, wie es ihn vergleichbar nur noch im Berliner Schloss gegeben haben soll. Gottlob war das vielfarbene Mosaik aus unterschiedlichsten Hölzern jahrzehntelang unter dicken Linoleumschichten versteckt gewesen. Das kunstvollste Parkett, im letzten der vier ineinander gehenden Räume, bekam zum Schutz einen plexigläsernen Deckel. Tische und Stühle schweben jetzt auf der spiegelnden Fläche zentimeterhoch über dem Boden. Wer sich traut, die Füße aufzusetzen, fühlt sich schwankend wie auf dem Ozean.

Woran es gelegen haben mag, dass das schöne Restaurant bereits wenige Monate nach der Eröffnung geschlossen werden musste, weiß man nicht. Ein glücklicher Zufall fügte es jedoch, dass in diesem Moment einer der besten Köche Deutschlands zur Verfügung stand. Wolfgang Müller, zuvor Küchenchef des Restaurant »Imperial« auf der »Bühler Höhe«, dem Klassiker unter den Luxushotels im Schwarzwald, war nach Berlin gekommen. Weil jedoch sein Investor in Konkurs ging, musste er neue Pläne machen. Wie sich die Dinge dann aber Hals über Kopf entwickelten, war wohl ein eher glücklicher Zufall! Denn jetzt konnte für das »Adermann« ein völlig neues Konzept erarbeitet werden, eines, das dem schmucken Haus, seinem Ambiente wie der interessanten Lage ebenbürtig war. Den Kunsthof, der sich hinter dem Gebäude erstreckt, dürfen die »Adermänner« als Gartenterrasse nutzen. Das ist zwar beschwerlich, weil es bis zur gewaltigen Kastanie, unter der die Tische stehen, eine ganze Menge Schritte sind. Aber an warmen Tagen sitzt man dort wunderschön! Hier werden sommerliche Kleinigkeiten serviert, bunte Salate, zarte Süppchen,

exotische Häppchen mit asiatischem Touch, aber auch bürgerliche Tellergerichte, wie gebackener Seelachs mit Kartoffelsalat. Im Erdgeschoss ist eine topmoderne, ziemlich coole American Bar eingerichtet. Von elf Uhr an gibt's Frühstück, dann Tapas, und später mixt der Barmann hippe Drinks.
Im ersten Stock schließlich, den man über eine knarrende, mit rotem Teppich ausgelegte Holztreppe erreicht, betritt man das Restaurant. Hier empfängt Restaurantchef Dominik Trick den Gast, der garantiert erst einmal staunend stehen bleibt, wenn sich die durch hohe Flügeltüren verbundenen Speiseräume vor seinen Augen öffnen.

Gefüllte Rotbarbe

Kaum halbzentimeterklein und absolut akkurat gewürfelte Gemüse, wie sie zur Ratatouille gehören: Aubergine, Zucchini, Paprika, Knoblauch und Tomate sind großzügig in die vom Rücken her entgrätete Rotbarbe gehäuft. Sie ist nur frauenhandspannenlang, garantiert also den charakteristischen Genuss – der hierzulande, wo man Rotbarben umso mehr liebt, je größer sie sind, selten ist. Basilikumduftende Pesto-Kleckse runden die Aromen ab.

Praline vom Ochsenschwanz

Als knuspriges Törtchen sitzt die »Praline« auf dem gläsernen Vorspeisenteller, umgeben von filigranen Salatzutaten: Frühlingskräutern, wie Kerbel und Portulak, zartem Frisée und Garnelen von seltener Knackigkeit. Die Praline selbst ist ein kleines Kunstwerk: Das ausgelöste Fleisch vom Ochsenschwanz, das man sonst eher faserig und störrisch kennt, ist von unerhörter Saftigkeit. Dabei bietet es Würze und Konzentration, als sei es endlos mit Kräutern und Wein geschmurgelt worden. Die Hülle aus Semmelbröseln ist so knusprig, wie man sie sich auch für ein erstklassiges Wiener Schnitzel wünschen würde. Als Verbindung dient eine luftig aufgeschlagene Remoulade, mit Kräutern und der gerade richtigen Spur Zitronensaft gewürzt. Das Wachtelspiegelei setzt auch farblich einen harmonischen Akzent.

Medaillons vom Maibock

Dick aus dem ausgelösten Rückenfilet geschnitten, perfekt gebraten, sodass die Fleischstücke wunderbar zart, auch durch und durch saftig sind. Sie sind angerichtet auf den sanft geschmorten Blättern vom gebleichten Löwenzahn und mit einer herrlichen Mischung aus Frühlingsgemüsen überhäuft: Erbsen, winzig klein gewürfelte Möhren und junger Sellerie, außerdem frische – keine getrockneten! – Morcheln. Das Gemüse badet in einer aufgeschäumten, federleichten Weißwein-Sahne-Sauce, die man mit den selbstverständlich handgeschabten Spätzle (Wolfgang Müller ist Wahl-Badener!) gern bis auf den letzten Tropfen auftunkt.

Grünes Parfait

Farbe und natürlich Geschmack des sahnig-luftigen Eisparfait rühren von karamellisierten Kürbiskernen her, die fein gemahlen unter die Eismasse gemischt sind. Man lässt sie in Portionsförmchen gefrieren, damit man sie dekorativ wie ein Törtchen anrichten kann. Dazu passt eine exotisch duftende Mangosauce mit Mangoschnitzen.

Die Speisekarte ist klein, aber wie die Weinkarte klug zusammengestellt. Die Bandbreite ist verblüffend: Da gibt es Mediterranes, wie Oktopus mit Artischocken, Kunstvolles, wie die gebackene Praline vom Ochsenschwanz (Seite 37), Klassisches, wie Maispoularde auf Austernpilzen mit Kartoffeltalern, oder Raffiniertes, wie Bressetaube auf Kartoffel-Artischocken-Sauce. Die Kreationen machen neugierig, ermüden aber nicht mit verstiegenen Kombinationen. Man entdeckt sofort: Die Qualität der Zutaten ist oberste Maxime. Und die Zubereitung geschieht mit sternewürdiger Perfektion.

Das große Menü bietet sechs Gänge, das kleine vier, stets natürlich gesteuert vom Angebot des Marktes und der Jahreszeit. Wer mag, bekommt die jeweils dazu passenden Weine glasweise eingeschenkt. Das ist angenehm, wenn man zu zweit ist und nicht den ganzen Abend an derselben Flasche nippen mag.

Bar Restaurant
Adermann
Oranienburger Straße 27
10117 Berlin-Mitte
Tel: 030/28387371
Fax: 030/28387372
Restaurant:
Di–Sa 19–24
Bar: tägl. 10–2

Die Sophie-Gips-Höfe, zwischen Gips- und Sophienstraße gelegen, hat der Mönchengladbacher Textilfabrikant Rolf Hoffmann für sich und seine Sammlung saniert. Die weitläufigen Backsteingebäude stehen zu ihrer Geschichte, die Spuren der Vergangenheit sind nicht wegretuschiert. Die bunten Neoninstallationen in den Durchgängen stammen von der Ostberliner Künstlerin Gundula Foerster und stehen in spannungsreichem Kontrast zu den grasgrünen Bodenskulpturen in den Höfen, aus schrägen Rasenebenen gestaltet von der Polin Tereza Maruk. Die Sammlung Hoffmann kann man nach Voranmeldung samstags besichtigen (Eintritt 10 DM, Tel: 28 49 91 21, Sophienstraße 20a–21). Die Sophienstraße selbst war bereits zu DDR-Zeiten teilweise als Vorzeigeobjekt saniert worden. Die alten Häuserzeilen sind malerisch gegliedert, wirken kleinstädtisch-gemütlich – man kann hier leicht vergessen, dass man sich im Herzen einer Millionenstadt befindet! An der Gabelung zur Großen Hamburger Straße die Altberliner »Schank- und Speisewirtschaft Sophie'n Eck«: Der Gastraum mit Theke und viel Messing (siehe rechte Seite) strahlt, obwohl ganz neu, die typische Atmosphäre aus. Mehrere gut gezapfte Biere vom Fass und bürgerliche Berliner Küche.

Rund um die Hackeschen Höfe

So dynamisch wie hier verändert sich kein anderes Stück Berlin, nirgendwo sind die sozialen Gegensätze krasser! Was die Spontis vor einem Jahrzehnt vereinnahmten, wurde längst saniert und kommerzialisiert: Heute prägen die effektiven Dreißiger das Bild, mit Armani-Sakko oder Prada-Klamotten, mit gegeltem Haar und der gerade angesagten Sonnenbrille. Die Hackeschen Höfe selbst sind nicht mehr Speerspitze alternativer Kreativität, sondern Touristenattraktion mit teuren Mieten, Szene und Nachtleben tragen industrielle Züge. Das freut den Bauherrn, stört freilich die sensiblen Individualisten, die sich abseits von Marktzwängen und der Hierarchie der Marken verwirklichen wollten – und es dank der Mithilfe von Jutta Weitz aus der Gewerberaumabteilung der Kommunalen Wohnungsverwaltung der DDR auch konnten: Weitgehend sie allein hatte bestimmt, wer hier was bekam. Viele von denen, die bald nach der Wende ein Atelier, einen Salon oder Laden eröffneten, sind inzwischen weggezogen, etwa nach Friedrichshain.
All die immer vollen Cafés, Bars und Restaurants, die mal mit einfachen Mitteln, mal aufwendig eingerichtet wurden, müssen sich jedoch anpassen, können nicht einfach abhauen und ihre Gäste mitnehmen – denn ob der Erfolg einen Umzug überlebt, ist zweifelhaft. Um Kundschaft müssen sie nicht buhlen, wenn sie nur billig sind. Wenn aber zum Beispiel Sushi in den Strudel des Preiskampfes geraten, verlieren sie unglaublich schnell ihre Authentizität. Wenn im Thai-Restaurant an Kräutern gespart wird, geht der Reiz dieser Küche verloren. Und wenn pappige Nudeln in traniger Lachssauce schwimmen ... Ein kulinarischer Spaziergang über den Hackeschen Markt kann zur Tortur werden. Ausnahmen bestätigen die Regel.
Ein Lokal wird von seinen Stammgästen geprägt. Die allerdings sind offenbar ständig auf der Suche nach dem ultimativen Ziel: ziehen den Abend über

Schank- und Speisewirtschaft
Sophie'n Eck
Große Hamburger Straße 37
10115 Berlin-Mitte
Tel: 030/2834065
Fax: 030/28599860
tägl. 12–2

In einem S-Bahn-Bogen nahe dem Hackeschen Markt die Bar »Riva«, cool und modern, durch die Farbfelder dennoch warm, die Beleuchtung effektvoll: die schönste Bar der ganzen Stadt – auch die Drinks erstklassig. Ab Mitternacht rappelvoll! Tip: Zur Happy Hour mit Blick auf den Fernsehturm im Garten sitzen.

Bar
Riva
Bogen 142 – Dircksenstraße
10178 Berlin-Mitte
Tel: 030/24722688
tägl. ab 18

und die Nacht durch von hier nach dort, von der Bierkneipe in die Jazzbar, in die Disco, nehmen woanders den Absacker, um schließlich bei der Currywurst zu landen (ab 4 Uhr bei Konnopke in der Schönhauser Allee). Manche Lokale wechseln ihrerseits den Charakter: Wo zur Dämmerung Touristen ihr Bierchen zischen, kann um Mitternacht die Post outer-spacig abgehen, und im nachmittags tortenbiederen Café wird abends sexy abgetanzt – oder es liest ein Anarchist aus seinen Texten.

Lesungen sind der Szene wichtig: Ohne den distanzierenden Vermittler Papier setzen sich Intellektuelle, Schriftsteller und Dichter auseinander. Dass dies in Begleitung eines Getränks und in Gesellschaft geschieht, ist der geistigen Regsamkeit gewiss zuträglich: Man formuliert seine Gedanken brillanter, wenn andere zuhören. Freilich passiert dies hier keineswegs in milder Wiener-Kaffeehaus-Atmosphäre, sondern in der aggressiveren Berliner Version. Es haben übrigens auch in der feinen, gesetzten Gesellschaft literarische Salons wieder Konjunktur – und die gehören, man denke nur an die Varnhagens, untrennbar zur Berliner Kultur.

Es gibt hier inzwischen mehr Restaurantplätze als Einwohner – ein Ort, um Geld zu machen. Und während in den verbliebenen Ruinen noch die Visionen der zeitgenössischen Kunst blühen, transformiert der Kommerz sie bereits in gewinnträchtige Palazzi. Oder erbaut sie einfach neu, angelehnt an den alten Stil, wie die Neuen Hackeschen Höfe, in die allerdings nicht die armen Angestellten, Beamten und Rentner des Viertels aus den Ruinen, sondern junge Reiche aus dem Westen eingezogen sind. So entstand eine wilde Mischung von suchenden und etablierten, von auf Sozialhilfe angewiesenen und wohlhabenden Menschen, wie sie eben nur in einer vitalen Großstadt zu finden ist: Hier hat

Das »Maxwell« war eines der ersten Restaurants, das aus dem Westen nach Mitte, also in den ehemaligen Osten gezogen ist. Und zwar in eine aufgelassene Brauerei mit hohen Räumen und einem wunderschönen Innenhof. Die Küche ist leicht und trendy, nicht abgehoben, sondern grundsolide mit leicht französischem Einschlag.

»Die Weltbühne Berlin« ist ehrgeizig: Nach Tucholskys Zeitschrift benannt, will man der Küche der Welt eine Bühne sein. In einem Fabrikgebäude entstanden Café (mit vielen Zeitungen), Bar (mit 28 m einer der längsten Tresen Berlins) und das elegant gestylte Restaurant. Gute Drinks und Weine, umfangreiche Speisenkarte. Das Repertoire international, cross-over und für jeden Kontinent ein Parade-Gericht. Schwankende Küchenleistung, abends besser als tagsüber.

Fast jeden Tag eröffnet rund um die Hackeschen Höfe eine neue Kneipe. Das »Bergwerk« aber ist eine konstante Größe mit Musik und Lesungen. Hier geht man nicht hin, um gut zu essen oder wegen einer tollen Einrichtung, sondern weil es so ist, wie es ist. Gelassenheit ist auch Lebensqualität!

die Kraft des neuen Berlin ihre Wurzeln. Das laute Chaos scheint heute so produktiv zu sein wie einst leisere Liberalität – schließlich bildete, als die Große Hamburger noch Toleranzstraße hieß, das vom Großen Kurfürsten, vom Soldatenkönig und von Friedrich II. geförderte Zusammenleben der Religionen und Völker die Basis für den geistigen und wirtschaftlichen Aufstieg Berlins (und Preußens).

Maxwell
Bergstraße 22
10115 Berlin-Mitte
Tel: 030/2807121
Fax: 030/28599848
tägl. 12–2 (Sommer), 18–24 (Winter)

Bergwerk
Bergstraße 68
10115 Berlin-Mitte
Tel: 030/2808876
Mo–Fr ab 17, Sa ab 12, So ab 10

Die Weltbühne
Gormannstraße 14
10119 Berlin-Mitte
Tel: 030/28009444
Fax: 030/28009449
Restaurant: 12–24; Bar: 18–2, Fr–Sa 18–4

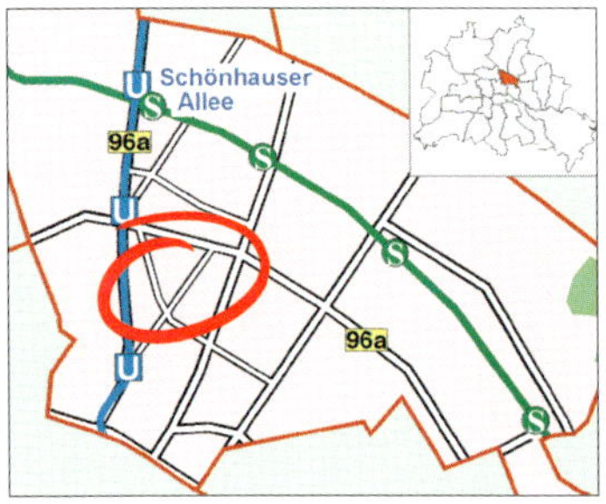

Neuer Wind im alten Kiez: Wein

Die Wende brachte dem Stadtteil Prenzlauer Berg einen Ruf wie Donnerhall, die Gegend um den Kollwitzplatz wurde fast schlagartig Kult. Hier wohnte zu DDR-Zeiten die Intelligenz, und die setzt schließlich die Trends. Wer jedoch aus dem Westen zur Wohnungssuche in »Prenzlberg« eintraf, floh nach kurzem Augenschein. Derartig tief greifenden Verfall hatte man sich im Westen nicht vorstellen können. Ganze Straßenzüge von Musterstücken klassizistischer und gründerzeitlicher Fassaden, die den Krieg überstanden hatten, aber seither verrotteten. Ihre Kriegswunden zeigend, als habe man sie ihnen gestern erst beigebracht, wirkte ihr Untergang so bedrohlich, dass man gerne die Straßenseite gewechselt hätte, um sich vor Steinschlag zu schützen, hätte es nur Sinn gehabt.

Dennoch veränderte sich das Bild ziemlich rasch. Mit jedem neuen Besitzer verschwand eine Ruine mehr und entpuppte sich, liebevoll hergerichtet, alsbald als schmuckes Kleinod bürgerlicher Wohnkultur vergangener Jahrhunderte. Kneipen, Imbissstuben, Szeneläden wurden aufgemacht, Bars und zeitgeistgerechte Lounges. Man wetteifert, wer schriller und wo es flippiger ist, die Qualität der Küche oder Weine interessiert erst in zweiter Linie.

Kultur, fernöstliche Düfte

Ausnahme: Das »Weinstein« in der Lychener Straße. Heimat für Weinfreaks. Mehr als 200 selbst importierte Weine aus aller Welt stehen auf der Karte, die auf jeder Seite den Wahlspruch wiederholt: »Es dauert lange, bis man ein richtiger Weinkenner wird. Aber es ist eine schöne Zeit!« Viele Weine kann man glasweise probieren. Wer eigenen Wein mitbringen will, bekommt für ein kleines Korkgeld den nötigen Service dafür – Gläser, Kühler, Eis. Zu Ladenpreisen werden die Weine auch nach Haus geliefert, und wer dort keinen richtigen Keller zum Lagern hat, kann hier für seine Schätze Räume mieten. Damit der Wein nicht allzu rasch zu Kopf steigt, werden Knabbereien aufgetischt, Käse, Pistazien, Knoblauchbrot. Eine große Schiefertafel zeigt handgeschrieben die täglich wechselnden Häppchen eine Auswahl von Kleinigkeiten, kalt und warm und immer pfiffig.

Dass es sich um eine alte Metzgerei handelt, zeigen die gefliesten Wände und die Transmissionsachsen. Inzwischen sind Weinregale bis zur Decke hoch gemauert, alte Möbel aus dunklem Holz und Terracottaböden verbreiten Behaglichkeit. Ein schöner Ort zum unbeschwerten Zechen!

Gebeizter Lachs

Kiefernnadeln anstelle des üblichen Dill geben dem Fisch Parfum. Ein von den Gräten gesäubertes Filet (ca. 800 g) wird auf der Innenseite mit einer Mischung aus je 50 g Salz und Zucker sowie reichlich jungen Kiefernnadeln bedeckt. In Klarsichtfolie wickeln, zusätzlich in einen Gefrierbeutel packen, für zwei Tage in den Kühlschrank legen und beizen. Dabei das Paket immer wieder wenden. Zum Servieren das Fischstück abwaschen und gründlich abtrocknen. Dann sehr schräg in hauchdünne Scheiben schneiden und mit einer bunten Salatmischung anrichten.

Knusper-Knödel

Aus Kartoffelteig (800 g gekochte Kartoffeln, 1 Eigelb, ca. 3 EL Mehl, Salz, Pfeffer, Muskat) Knödel formen, mit jungem Ziegenkäse und Basilikumblättern füllen. Mit Bröseln panieren und in heißem Öl ausbacken. Auf Tomatensalat mit vielen Kräutern servieren.

Die sorgfältig restaurierten Schilder in der »Kulturbrauerei« über jeder Tür zu den verschiedenen Werkstätten verraten, wie in einer großen Brauerei vor hundert Jahren die Arbeit ablief und wie viel unterschiedliches Handwerk dazu nötig war. Heute sind hier Ateliers, Kunsträume, Theater, Konzertsäle untergebracht. Im Sudhaus finden Rock-Konzerte statt.

Viel Mühe bei der Renovierung hat man sich mit dem riesigen Areal der aufgelassenen Schultheiß-Brauerei zwischen Schönhauser Allee, Sredzki-Knaak- und Danziger Straße gegeben. Der weitläufige, wie eine kleine Stadt angelegte Komplex ist mittlerweile zur »Kulturbrauerei«, dem Zentrum einer jungen, lebendigen und alternativen Kulturszene geworden. Hier finden Partys und Festivals statt, klassische wie Rock-Konzerte, Theater, Oper, Kunstaktionen und Disco; natürlich auch Gastronomie – Cafés, sogar ein Biergarten.
Die Husemannstraße wurde bereits zu DDR-Zeiten säuberlich hergerichtet, um Gästen der Regierung ein intaktes Stück Alt-Berlin vorzuführen. Schon damals war hier die Gastronomieszene quicklebendig: Da konnte man futtern wie bei Muttern – Kohlrouladen, Hackbraten, Klopse! Heute jedoch sind aus den meisten typischen Eckkneipen schicke Szenebeizen geworden, die ganztägig Frühstück, am liebsten aber Mediterranes bieten, wie Pasta in sämtlichen Variationen. Leider in meist kaum bemerkenswerter Qualität.
Wohltuend dazwischen »Ostwind«, ein kleines chinesisches Lokal, studentisch einfach, aber mit Witz und Geschmack eingerichtet. Bei schönem Wetter sitzt man ohnehin auf dem Bürgersteig vor dem Haus und freut sich an der stilvollen Kulisse. Es gibt Gerichte mit Lamm und Gänsefleisch – was man sonst in Chinarestaurants bei uns nicht findet –, sauber gekocht, mit konzentrierten Saucen. Es schmeckt! Nur der Griff ins Gewürzregal dürfte ruhig noch etwas beherzter sein.

Pfeffriges Lamm

Fleisch, rote Paprika und Wasserkastanien knapp zentimeterklein würfeln. Im Wok rasch anbraten, dann mit Sojasauce und Reiswein beträufeln und nur ein paar Minuten schmoren. Bereits das Bratöl wird gewürzt mit fein gehacktem Ingwer, Knoblauch und reichlich Pfeffer. Das Fleisch bleibt zart, wenn man es vor dem Braten mit Speisestärke einreibt.

Gänsebrust

Das Fleisch ohne Haut in schmale Streifen schneiden, mit Stärke einreiben und dann mit Sojakeimen und Frühlingszwiebeln im Wok umherwirbeln. Ingwer und Knoblauch, chinesisches Sesamöl und Sojasauce verleihen dem Gericht den typisch chinesischen Geschmack. Die Haut wird herrlich knusprig, wenn man sie, in Streifen geschnitten, sanft ausbrät.

Kulturbrauerei
Knaakstraße 97
10435 Berlin-Prenzlauer Berg
Infos und Vorbestellungen:
Tel: 030/44056756

Restaurant
Ostwind
Husemannstraße 13
10435 Berlin-Prenzlauer Berg
Tel: 030/4415951
tägl. 18–1, So 10–1

Weinschenke und Weinhandel
Weinstein
Lychener Straße 33
10437 Berlin-Prenzlauer Berg
Tel: 030/4411842
Fax: 030/4411843
Mo–Sa 17–2, So 18–2

Blanke Holzdielen im Restaurant »Ostwind«, keine Tischwäsche oder Vorhänge, die die Akustik dämpfen – da kann es ganz schön laut werden, wenn der Laden voll ist ...

Im Zentrum von Macht und Musen

In der Mitte fehlt das Schloss! Ob man vom Brandenburger Tor kommt oder vom Lustgarten herüberschaut: Leere, wo eigentlich die Erklärung für den Zusammenhang des Zentrums von Berlin stehen müsste – eben das Schloss, auf das die Achsen einst gerichtet waren. Heute, da den Perspektiven der Bezugspunkt fehlt, fällt alles auseinander in nicht begreifbare Räume. Dass das Schloss nicht mehr an seinem Platz steht, ist weniger eine Folge des Krieges als der Ideologie – es war zwar von Bomben getroffen worden, doch hätte man es durchaus wieder aufbauen können, so wie es später mit dem Dom geschah. Aber der Staatsrat der DDR beschloss 1950 den Abriss. Offiziell, um die Herrschaftsinsignien der alten

Der wiederhergestellte wilhelminische Dom; die Kugel des Fernsehturms spiegelt ein Kreuz – der DDR-Führung ehedem ein Ärgernis.

Macht, der Ausbeuter der Bauern und Arbeiter, des reaktionären Kaiserreichs und des preußischen Junkertums zu vernichten. In Wahrheit wohl eher, um möglicher Wehmut über den Untergang der guten alten Zeit keinen Anhaltspunkt zu geben. Nur eines der Portale wurde gerettet und in das Gebäude des Staatsrats integriert: weil von diesem Balkon aus Karl Liebknecht am 9. November 1918 die Sozialistische Republik ausgerufen hatte.

Stattdessen hatte man auf dem östlichen Teil des Schlossplatzes den Palast der Republik errichtet, vom Volksmund Lampengeschäft genannt. Derzeit wird er von Asbest befreit. Danach? Erhalten als Denkmal der deutschen Geschichte? Integriert in einen Neubau oder abgerissen für die Rekonstruktion des Schlosses? Der vor ein paar Jahren über ein Gerüst gespannte »Schlossvorhang« hatte eine Vorstellung von städtebaulicher Funktion, Pracht und Proportionen des Schlosses vermittelt – und so manchen Gegner des Wiederaufbaus überzeugen können, weil sich auf einmal das Stadtbild begreifen ließ. Nur hatte man damals keine Idee für eine Nutzung. Das ist inzwischen anders, seit das Stadtschloss in die Überlegungen zu einem erweiterten Museumszentrum einbezogen wird. Freilich könnte dies auch mit einem modernen Bau in den alten Dimensionen geschehen. Man wird sehen …

Leere, architektonisch nicht begrenzte Flächen, ungestaltete Räume sind überhaupt das Merkmal der ehemaligen Hauptstadt der DDR. Vom Palast der Republik über den Bereich rund um den Fernsehturm bis weit über den Alexanderplatz hinaus kommt man sich verloren vor – der einzelne Mensch zählte an dieser Stelle wenig, hier wurde Staatsmacht demonstriert: Gelände für die Aufmärsche, die staatlich gelenkten Demonstrationen und Militärparaden während des Kalten Kriegs. Der alte, quirlige Alexanderplatz aus Alfred Döblins Roman, mit seinen Buden, Läden und Spelunken, dem Gewirr von Straßen-, S- und U-Bahnen, ist nicht einmal mehr zu erahnen. Bald jedoch soll es hier zugehen wie heute am Potsdamer Platz: Der beste Standort Berlins soll wieder dicht gestaltet werden, Wolkenkratzer mit Ladenpassagen, Büros und Hotels sind geplant.

Auch die kilometerlange öde Strecke bis zur Karl-Marx-Allee mit ihrer Fassadenflucht im stalinistischen Zuckerbäckerstil (Bilder oben, die Fliesenverkleidung aus Meißener Porzellan!) soll dabei wieder bebaut werden. Die großzügigen Wohnungen an der Prachtallee waren in der DDR verdienten Volksgenossen vorbehalten, wurden inzwischen zum größten Teil saniert, mit heutigem Komfort ausgerüstet und sind wieder allgemein begehrte Objekte …

Jahrzehntelang war auch der Platz zwischen Schloss und Altem Museum gepflastert gewesen und diente als Aufmarschplatz – die alte Bezeichnung Lustgarten sprach ihm Hohn! Heute ist er genau dies wieder geworden, beliebter Rastplatz für Studenten und Touristen, die auf dem von Bäumen umstandenen Rasen lagern. Mit dem von Karl Friedrich Schinkel 1830 erbauten Alten Museum hatte Berlin als dritte Metropole der Welt (nach Paris und London) ein eigens für die öffentliche Ausstellung einer Kunstsammlung geplantes Gebäude bekommen. In der sich nach Art des Pantheon hinter der Säulenvorhalle öffnenden Rotunde sollte eine riesige, aus einem Findling geschnittene Granitschale von Christian Gottlieb Cantian aufgestellt werden. Doch – Schilda ließ schon in Preußen grüßen – sie passte nicht durch das Portal. Also stellte man sie vor dem Museum auf. Die Nazis entfernten sie, auch den Krieg überstand sie unbeschadet. Aber als die DDR sie wieder installieren wollte, zerbrach sie in zwei Stücke. Der sichtbare Riss wird für immer von den begrenzten Fähigkeiten dieses Regimes im Umgang mit empfindlichen Dingen künden.

Die Museumsinsel erfährt derzeit eine gewaltige Renovierung und Neugestaltung: Bodemuseum, Alte Nationalgalerie, Neues Museum und Pergamonmuseum befinden sich im Um- und Wiederaufbau, die bislang dort gezeigten Sammlungen sind aufgeteilt und nur teilweise zu besichtigen, im Alten Museum, im Ägyptischen Museum am Charlottenburger Schloss und in der Neuen Gemäldegalerie am Kulturforum (siehe Seite 75). Berlins Mitte wird, wenn

Oben eine der Skulpturen von Schinkel auf der Schlossbrücke. Links der Flohmarkt am Kupfergraben, dem Spreeufer gegenüber dem Pergamonmuseum: mehr Folklore- und Touristenkram als echte Flöhe. Aber die Lokalität ist schön! Nur ein paar Schritte weiter, in den S-Bahn-Bögen vor dem Bahnhof Friedrichstraße, gibt es dann eine ganze Reihe wirklich guter Antiquitätenläden!

Das Alte Museum von Schinkel: Die breit gestreckte Vorhalle mit den ionischen Säulen strahlt feierliche Würde und ruhige Gelassenheit aus. Sie ist zum Inbegriff des preußischen Staatsstils geworden. Davor die berühmte Granitschale.

alles einmal fertig ist und möglicherweise auch das Schloss einschließt, von einer der großartigsten Museumslandschaften der Welt geprägt sein. Denn auch der ehemals höfische Bereich der Linden gehört mit seinen öffentlichen Gebäuden dazu: dem ehemaligen Zeughaus – heute Historisches Museum, das durch einen Neubau (von Pei) und den überdachten Innenhof erweitert wird –; dem Kronprinzenpalais, der Universität und der Staatsbibliothek, der Staatsoper von Knobelsdorff und der Neuen Wache von Schinkel, heute Zentrale Gedenkstätte der Bundesrepublik Deutschland.

Eine Schiffsfahrt auf der Spree lohnt sich sehr, denn man entdeckt die Stadt auf charmante, gemütliche Weise – hier das Schiff vor der prunkvollen Rundung des Bodemuseums am Zusammenfluss zweier Spreearme. Links die Friedrichwerdersche Kirche von Schinkel – darin das diesem Architekten und Künstler gewidmete Museum, der Berlin so stark geprägt hat. Rechts die Alte Nationalgalerie.

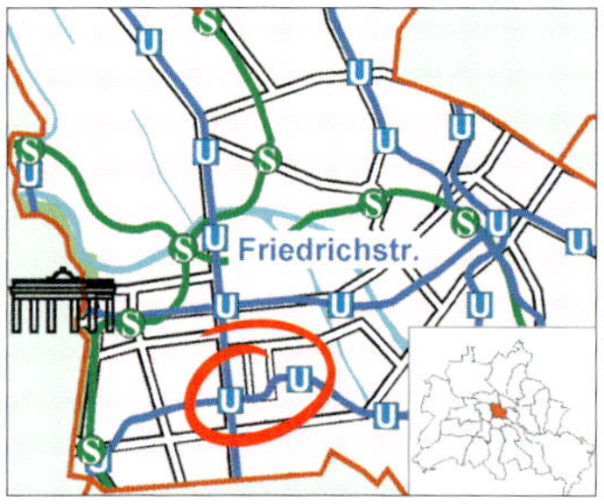

Weltstadt am Gendarmenmarkt

Der Gendarmenmarkt ist ganz ohne Zweifel Berlins neues Herz. Rund um diesen schönsten Platz der Stadt entwickelte sich nach jahrzehntelangem Dornröschenschlaf mit unglaublicher Dynamik wahrhaft großstädtisches Leben. Hier ist die Welt in den luxuriösen Hotels der internationalen Ketten zu Gast. Am Gendarmenmarkt speist das junge, dynamische, geschäftstüchtige, mächtige und machtbewusste Berlin in den schicken Restaurants, die sich mit verblüffender Geschwindigkeit und in erstaunlicher Zahl hier eingenistet haben. Im fußläufigen Umkreis haben sich die Medien niedergelassen, die Hauptstadt-Redaktionen der großen deutschen Zeitungen und Zeitschriften, das öffentlich-rechtliche wie das kommerzielle Fernsehen, die weltumspannenden Unternehmen der Kommunikation. In den Straßen um den Platz residieren die Verbände, sitzen die Banken, ballen sich die noblen Geschäfte der Stadt.

Oben: Vor dem »Langhans« kann man draußen sitzen, allerdings ist die Ecke ein wenig zugig, der Taxistand direkt daneben und die Bedienung nicht immer so aufmerksam. Im ersten Stock das Restaurant mit unvergleichlichem Blick auf den Deutschen Dom und einer im Prinzip interessanten East-West-Küche von leider stark schwankendem Niveau. Links: Im Vordergrund die mondäne »Newton-Bar«. Schon mittags kann man hier im Sommer einen Drink nehmen, am besten draußen. Abends, wenn die Musik jegliche Unterhaltung zu unterbinden versucht, muss man Glück haben, einen Platz zu ergattern. Im Hintergrund die Weinstube »Lutter & Wegner«, die früher allerdings ein paar Häuser weiter lag. Sie zählt zu den gemütlichsten Kneipen von ganz Berlin: Ohne Vorbestellung bekommt man abends keinen Platz (oder erst ab 23 Uhr), mittags ist es einfacher. Im Hauptrestaurant geht es oft laut zu, es können mächtige Rauchschwaden in der Luft hängen. Weinauswahl und -qualität sind ausgezeichnet, die österreichisch geprägte Küche kann da bedauerlicherweise nicht ganz mithalten: Man merkt, dass viele Touristen kommen, die nicht als Stammgäste gewonnen werden müssen. Sehr schön und ruhiger die Nebenräume, vor allem im Verkaufs- und Probenraum sitzt man angenehm, im Sommer natürlich auch draußen!

Jakobsmuschel

Drei Variationen: Eine Terrine mit einer roh marinierten Muschel als Herz, in ein würziges Tomaten- und ein Lauchgelee gebettet und schließlich mit Lauchblättern umhüllt. Ein Tatar von Jakobsmuscheln, dem winzig gewürfelte Gurke Biss verleiht. Muschelfleisch steckt auch im gebackenen Teigtäschchen. Das alles ist hübsch, perfekt gemacht und schmeckt vorzüglich!

Seinen Namen bekam der Platz vom Regiment der Kürassiere, der *Gens d'Armes,* also der bewaffneten Männer, die hier ihr Quartier hatten. Einst war er der zentrale Marktplatz des Viertels, der ab 1688 von Kurfürst Friedrich III. angelegten Friedrichstadt. Doch der Platz verlor diese alltägliche Funktion schon bald: Nachdem sich Kurfürst Friedrich in Königsberg eigenhändig zum König Friedrich I. von Preußen gekrönt hatte, benötigte er eine prachtvollere Residenz und gab den Bau von zwei repräsentativen Kirchen auf diesem Platz in Auftrag – die eine für die Ende des 17. Jahrhunderts aus Frankreich vertriebenen und hier angesiedelten Hugenotten, die andere für die deutschen Calvinisten. Bald setzten sich die Bezeichnungen Deutscher und Französischer Dom durch. Ende des 18. Jahrhunderts bekamen die Gebäude von Carl Friedrich von Gontard die charakteristischen barocken Kuppeltürme aufgesetzt.

In der Mitte des Platzes errichtete Schinkel an Stelle des 1817 abgebrannten Nationaltheaters sein wunderschönes klassizistisches Schaupielhaus, das nach der Zerstörung im Krieg von der DDR 1984 als Konzerthaus wieder eröffnet wurde. Davor das prachtvolle Schillerdenkmal von Reinhold Begas, das von

Links der Innenhof des »Guy«, wo man in südlich entspannter Atmosphäre sitzt und sehr gut speist. Das Plätschern des Brunnens vermischt sich mit den Gesprächen der Gäste und leiser Musik, der Service ist aufmerksam, und man kann alle Weine der großartigen Karte auch glasweise haben, teilweise sogar aus der Magnumflasche. Zum Unternehmen des Gastronomen Hartmut Guy gehören neben dem Restaurant ein Weinkeller, Lounge, Bar und Räume für Gesellschaften.
Rechts: Bei »Lutter & Wegner« treffen sich die selbstbewussten und erfolgreichen working girls *der umliegenden Büros und genießen bei schönem Frühlingswetter Waldmeister- oder Erdbeerbowle.*

den Nazis entfernt und von der DDR erst im Jahre des Mauerfalls wieder aufgestellt wurde: Schillers Dramen wurden in den Zeiten der totalitären Regime von den Menschen weniger als Schatz der deutschen Klassik betrachtet, sie nahmen vielmehr ihren revolutionären, Freiheit heischenden Kern wahr, für die Machthaber alarmierend stark!

Toleranz und Terror leben also nach auf diesem Platz, dessen künstlerische Harmonie im Übrigen von den Neubauten nicht angegriffen wird – es könnte höchstens einiges Unverständnis gegenüber der Denkmalschutzbehörde aufkeimen, manche bunte »Platten« als historisch wertvolle Bauten zu klassifizieren. Auch die Bepflanzung mit kurzstämmigen Ahornbäumen scheint etwas missraten – sie mag ja historisch richtig sein; aber einst waren die Menschen kleiner, während die meisten heutigen den Kopf einziehen müssen, wenn sie darunter durchschreiten wollen. Höchst angenehm dagegen die Großzügigkeit der Behörden des Stadtteils Mitte, die Bewirtung von Gästen unter diesen Bäumen auf öffentlichem Terrain zu genehmigen. Ob vor dem Hilton-Hotel angesichts des Deutschen Doms, gegenüber der Newton Bar oder dem Dorint-Hotel am Französischen Dom: Wer dort tafelt, Kaffee trinkt und Kuchen gabelt oder einen Drink genießt, kann trotz der Busse und vielen Menschen vergessen, dass er mitten in einer hektischen Großstadt sitzt. Es kommt eine fast südländische Leichtigkeit auf, und man kann so an Leib und Seele erfahren, dass die preußische Klassik ihre Vorbilder in Hellas und Rom gesucht und gefunden hat …

Für Hotels und Restaurants war der Gendarmenmarkt schon immer attraktiv. Es herrscht lebhafte Konkurrenz, und die unterschiedlichsten Varianten gastronomischer Unternehmungen buhlen um die

Weinstube
Lutter & Wegner
Charlottenstraße 56
10117 Berlin-Mitte
Tel: 030/2029 54-0
Fax: 030/2029 54-25
tägl. 9–2

Restaurant Bar
Langhans
Charlottenstraße 59
10117 Berlin-Mitte
Tel: 030/20 94 50 70
Fax: 030/20 94 50 77
tägl. 8–1

Bar
Newton
Charlottenstraße 57
10117 Berlin-Mitte
Tel: 030/20 61 29 99
Fax: 030/20 29 54 25
tägl. ab 18,
Sommer ab 12

Restaurant Salon
Guy
Jägerstraße 59–60
10117 Berlin-Mitte
Tel: 030/20 94 26 00
Fax: 030/20 94 26 10
tägl. ab 12
Ruhetag: Heiligabend

Gunst des Publikums. Einige Restaurants haben mehr die Berliner selbst im Visier und überzeugen durch solide Spitzenleistung. Andere spekulieren eher auf Touristen und das schnelle Geld, wobei die Qualität dann auf der Strecke bleibt. Und noch scheinen längst nicht alle Häuser ihren Stil gefunden zu haben, Veränderungen von einem Tag auf den anderen sind durchaus möglich.

In der Weinstube »Lutter & Wegner« hatten schon vor fast 200 Jahren E. T. A. Hoffmann und der große Schauspieler Ludwig Devrient häufig pokuliert. Sie becherten alles, was ihnen ins Glas geriet. Eines Tages waren sie offenbar so bezecht, dass sie nicht mehr wussten, was sie gerade getrunken hatten und riefen nach »sack« – wie der Sherry auf Englisch damals gerne genannt wurde, nach dem rupfenen Sack, in dem man die Flaschen transportierte –, obwohl sie gerade beim prickelnden Champagner waren. Damit war die Bezeichnung »Sekt« für schäumenden Wein geboren; nach einer anderen Version wollten sie einen »vin sec«, also trockenen Wein.

Hinter dem coolen Entree vor denkmalgeschützter DDR-Plattenfassade das »Royal Dorint«. Im schönen Hausrestaurant »Aigner« serviert Herbert Beltle Wiener Klassiker.

Die Zimmer des »Royal Dorint« sind nicht groß, aber praktisch und luxuriös. Das Frühstück ist das beste der Stadt.

Welche der beiden Geschichten wahr ist, wird nie geklärt werden, aber »Lutter & Wegner« steht nicht nur für trinkfreudige Berlinbesucher fest auf dem Programm.
Restaurant-Geschichte hat auch das »Borchardt« geschrieben: In dem großen, hohen Raum des ehemaligen Delikatessengeschäfts, gleichzeitig Weinhandlung und Weinstube, geht es heute so lebhaft zu, dass man sich nicht mehr vorstellen kann, welche Durststrecke das Haus durchmachen musste. Bereits 1992 eröffnete Roland Mary das Haus neu, nachdem es gründlich renoviert und herausgeputzt worden war. Aber kaum ein Gast verirrte sich durch die Baustellen hierher. Heute speisen hier die Spiegel- und SZ-Redakteure zu besonders günstigem Haustarif, und es ist zur Stammkneipe vieler Lobbyisten und Politiker geworden. Hier verkehrt so viel Prominenz, dass die Einzelnen kaum mehr auffallen – und so lässt sich, untereinander oder mit Journalisten, hier so manches ganz nebenbei und unbeobachtet besprechen oder einfädeln …

Kurz vor dem Mittagessen – und damit einer der wenigen Momente, in denen das »Borchardt« leer ist – erste Gäste im Hof. Hier speist man mittags schnell eine Kleinigkeit, isst ausführlich zu Abend oder nimmt nach dem Theater noch einen Happen. Die Karte hat für jede Gelegenheit etwas Passendes! Dabei wird keine große Küche zelebriert, sondern intelligent und gut gemachte Bistrogerichte geboten. Immer köstlich: gekochte Garnelen zum Selberpulen mit knoblauchduftender Ailloli!

Restaurant
Borchardt
Französische Straße 47
10117 Berlin-Mitte
Tel: 030/20387110
Fax: 030/20387150
tägl. 11.30–1

Hotel
Royal Dorint
am Gendarmenmarkt
Charlottenstraße 50–52
10117 Berlin-Mitte
Tel: 030/20375-0
Fax: 030/20375-100
www.dorint.de

Restaurant
Aigner
Französische Straße 25
10117 Berlin-Mitte
Tel: 030/2037518 50
Fax: 030/2037518 59
tägl. 12–24

Hotel
Four Seasons
Charlottenstraße 49
10117 Berlin-Mitte
Tel: 030/20338
Fax: 030/20336166
www.fourseasons.com

Sehr gut geführtes Hotel der Luxusklasse, perfekter Service, schöne Lobby, aufwendig, aber überladen gestaltete Zimmer. Gutes Restaurant.

»Vau«: Willkommen im Salon

Schmal wie ein Eisenbahnwaggon ist der Hauptraum des Restaurants. Doch natürlich in Eleganz und Atmosphäre keinerlei Vergleich! Blumen, Kerzen und eine sensible Lichtregie geben dem Raum angenehme Wärme. Wem es dort zu eng ist, der mag den Salon zur Straße hin bevorzugen. Im Sommer sitzt man sicher am liebsten im Innenhof, unter weißen Schirmen. Und im Winter lockt die Bar im Kohlenkeller.

Die Berliner, weltläufig, wie sie sind, und an Französismen spätestens seit Friedrich dem Großen gewöhnt, sprechen den Namen dieses Restaurants schon mal so aus, als schriebe man es »Veau«. Dabei handelt es sich ganz einfach um den entsprechenden Buchstaben im Alphabet. »V« wie Viehhauser zum Beispiel. Josef Viehhauser, den Gastronomen aus Hamburg, hatten Meinhardt von Gerkan, der Architekt, der Künstler Oliver Jordan und der Designer Peter Schmidt um kulinarischen Rat gebeten, als sie

Ein Glas Champagner zum Aperitif weckt die Lebensgeister. Damit er dem hungrigen (und ungeduldigen) Gast nicht gleich zu Kopf steigt, wird sofort Brot auf den Tisch gestellt. Drei Sorten, selbst gebacken! Dazu gesalzene Butter und – für Schlankheitsbewusste! – würziger Kräuterquark.

Zweierlei Gurkenhappen

An einem warmen Sommertag genau das Richtige als Auftakt: ein geeistes Gurkensüppchen im Portweinglas, gemixt aus Sauerrahm und einer aromatischen Gartengurke. In Streifen geschnitten, mit Nordseekrabben und Sauerrahm vermischt und mit Dill gewürzt, wird die Gurke zum leichten, erfrischenden Belag für das hausgebackene Knäckebrot.

das Konzept für ein großstädtisches, hauptstädtisches, also metropolitanisches Restaurant entwickelten. Ein Restaurant, das es tatsächlich bis dahin in Berlin so nicht gab: modern, anspruchsvoll, edelste Materialien fürs Ambiente wie für die Küche. Diese sollte, so stellten sie sich vor, ebenso klar und präzise sein, ohne Pomp und Schnörkel, reduziert auf das Wesentliche.

Dem Architekten, der sonst Größeres entwirft, etwa Flughäfen, ist es zu danken, dass trotz des extrem ungünstigen, schlauchartigen Grundrisses, den das Gebäude aus dem 19. Jahrhundert vorgab, ein angenehmes, schönes Lokal entstand. Man fühlt sich sofort wohl, Licht und Farben, Blumen und Dekor ergeben eine sympathische, fast intime Atmosphäre. Vom Maler Jordan (siehe auch die Seiten 26/27) stammen die Bilder an den Wänden. Peter Schmidt schließlich (der übrigens auch die Gestaltung dieses Buches konzipiert hat) entwarf die Ausstattung und das gesamte Erscheinungsbild: von der handspannengroßen Schrift auf den Tellern bis zum kleinen V über dem A. Dieses V ist kein Aussprachehinweis, wie man ihn etwa aus dem Tschechischen kennt, es steht vielmehr für Varnhagen und ist eine Hommage an die legendäre Gastgeberin Rahel Varnhagen, deren berühmter Salon sich hier in der Jägerstraße befun-

den hat. Etwas von ihrem Geist, ihrem zur hoch gepriesenen Kunst entwickelten Gespür für Gastfreundschaft sollte auch das »Vau« inspirieren.
Mit Kolja Kleeberg, den Viehhauser als Küchenchef fand, hat er einen guten Griff getan. Kleeberg hat nämlich nicht nur sein Handwerk gründlich gelernt, in ersten deutschen Häusern und in der Schweiz, er bringt auch einen wachen Geist und die Intelligenz mit, die man braucht, um über die Tellerkante zu blicken. Mit Phantasie entwickelte er seine Küche, die auch ein Publikum beeindruckt und anlockt, das, mobil und wählerisch, ständig neue Kitzel sucht. Andererseits besitzt er aber auch das Beharrungsvermögen und die Selbstsicherheit, sich unsinnigen Moden zu verweigern und eine Fangemeinde an sich zu bin-

Geräucherter Stör

Ein Gericht wie ein Gemälde: eine schmale Tranche vom Filet so perfekt geräuchert, dass sie schön gefärbt und das Fleisch fest, aber innen herrlich saftig ist. Der Rauchgeschmack ist deutlich, übertönt aber nicht die zarten Erbsen. Einige sind kurz gedünstet, der Rest püriert. Kleckse dieser leuchtend grünen Creme und Tupfen von Olivenöl sowie ein großer Löffel erstklassigen Caviars setzen die Effekte.

Eisbeinsülze

Das deftige Berliner Leibgericht, diesmal leicht und elegant: als Sülze! Man kocht das Eisbein wie gewohnt, würfelt das ausgelöste Fleisch möglichst akkurat und kocht mit Kalbsfond den stützenden Sud. Damit die Sülze später in höchstens talergroße Scheiben aufgeschnitten werden kann, füllt man alles in einen zwei Finger breiten Plastikschlauch. Am nächsten Tag, wenn das Gelee erstarrt ist, lässt es sich wie Wurst auf der Maschine in dünne Scheiben schneiden. Auf Tellern anrichten und mit Wildkräutern garnieren.

den. Und genügend Geschäftssinn hat er auch. Pfiffig beispielsweise seine Strategie, die stilleren Mittage zu beleben: Man kann sich à la carte ein Menü zusammenstellen, kleine Portionen bis zum Abwinken, und zahlt pro Gang 20 Mark. Dazu gibt's glasweise Weine, von denen man sich eine Flasche kaum leisten würde. Wer will da meckern?
Ehefrau Petra, mit ihrer ruhigen Art die Seele des Betriebs, leitet den Service und kann mit ihrem Lächeln selbst den ungeduldigsten Bodyguard zähmen. Den souveränen Umgang mit Politikern und anderer Prominenz haben beide schon in Bonn geübt; im damals feinsten Haus, dem »Marron«; dort haben sie sich kennen gelernt. Es gibt also nicht viel, was sie noch aus der Ruhe bringen könnte.

Kolja Kleeberg am Telephon – seine Speisekarte auf dem Schoß, bespricht er mit den Lieferanten, was noch fehlt.

Täubchen auf Sellerie

Die Brust ist durch und durch saftig und so rosa, wie es sich gehört, die Keulen dagegen langsam durchgeschmort; in die Finger nehmen und abnagen ist erlaubt! Dazu zweierlei Sellerie: Dünne Scheiben von der Knolle, bissfest gekocht, mit Buttersauce überglänzt; die hellgrünen Stangen gewürfelt, knackig pochiert und mit knusprigen, winzig kleinen Brotcroûtons vermischt – ein witziger Kontrast. Die Sauce: ein konzentrierter, nach Portwein duftender Jus, der angenehm leicht im Mund wirkt und absolut nicht klebrig ist.

Gebackene Robinienblüten

Besser bekannt als Akazienblüten. In Pfannkuchenteig getaucht (mit Milch ist er leichter und knuspriger als mit Bier!) und in Butterschmalz schwimmend ausgebacken, sind sie ein entzückendes Dessert. Dazu: weißes Schokoladeneis und Erdbeeren mit ihrer Sauce.

Restaurant
Vau
Jägerstraße 54–55
10117 Berlin-Mitte
Tel: 0 30/2 02 97 30
Fax: 0 30/2 02 97 3 11
Mo–Sa
12–14.30, 19–22

Nicht nur Architektur-Freaks sind von der himmelstürmenden gläsernen Innenfassade im Kaufhaus Lafayette begeistert. Ein glitzernder Kegel zieht den Blick hinauf, durch die Mündung kann man tatsächlich die Wolken sehen. Anfangs glaubte man, die Dependance des berühmtesten Kaufhauses von Paris im Gebäude des Architekten Jean Nouvel sei angetreten, dem Kaufhausflaggschiff KaDeWe im Westen Paroli zu bieten. Indes: Der Vergleich verbietet sich, weil dessen Verkaufsfläche um ein Vielfaches größer ist. Und in der Lebensmittelabteilung ist das Angebot auf französische Produkte beschränkt: eine phantastisch bestückte Käseabteilung, mit Rohmilchkäsen von kleinen, handwerklich arbeitenden Produzenten. Klimaschränke ermöglichen perfekte Lagerung. Leider jedoch wird sie dem Käse nicht immer im nötigen Maß zuteil. Das gilt auch für die Abteilung Obst & Gemüse: Manches Mal ist die Qualität großartig, und oft gibt´s Raritäten, wie die seltenen Bonnotte-Kartoffeln. Aber dann wieder sind die Kräuter welk und die Aprikosen müde. Schade auch, dass man in der Fischabteilung, vermutlich mangels Nachfrage, Spezialitäten wie Seeigel und Belons in unterschiedlichen Größen nicht mehr findet …

Die Glitzerpaläste der Friedrichstraße

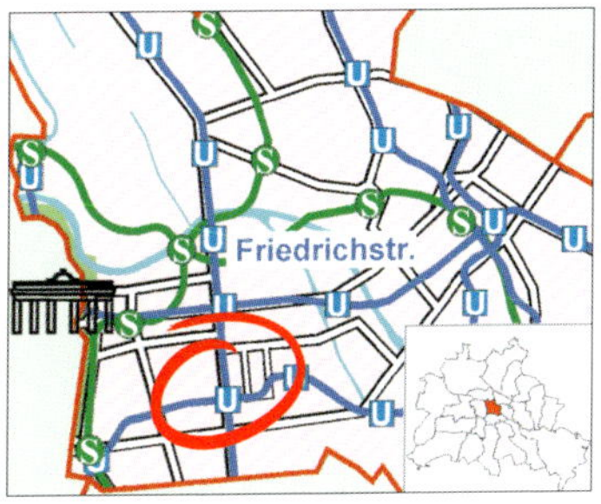

Der Architekturstreit, der in Berlin nach der Wende vehement ausgebrochen war, ist bis heute nicht entschieden oder gar beigelegt – zu sehr klaffen die gegensätzlichen Meinungen noch immer auseinander. Während die einen die Chance verpasst sehen, eine urbane, dynamische Stadt der Moderne zu bauen, beharren die Traditionalisten weiterhin auf der mittlerweile in aller Welt belächelten »Traufhöhe« (die eine Fassadenkante von 22 Meter Höhe vorschreibt) und glauben, mit einheitlichen Hausfronten den Geist der einstigen Metropole wieder beleben zu können. Urbanität ist jedoch keine Frage der Fassadengestaltung oder der Etagenzahl. In den zwanziger Jahren, als um die Friedrichstraße herum tatsächlich der Teufel los war und es hier mehr Kneipen gab als Hausnummern, bestanden die Quartiers, die Quadrate, in welche die Friedrichstadt seit dem Alten Fritz eingeteilt war, aus unzähligen kleinen Parzellen, kein Haus glich dem anderen. Die Treuhand, als Besitzer der Grundstücke, wünschte sich jedoch schon aus praktischen Überlegungen Einheitlichkeit. Nur wenn Investoren die Blocks im Ganzen zugeschlagen wurden, war ein sofortiger Baubeginn möglich. Doch die Klärung der Besitzverhältnisse dauerte endlos; und das Bauen zog sich ewig hin. Zehn Jahre war hier Baustelle. Die Friedrichstraße sollte zum anspruchsvollen Einkaufszentrum werden, und man beauftragte die besten und berühmtesten Architekten unserer Zeit. Leider haben nicht alle die engherzigen Bauvorschriften so kühn interpretiert, wie Nouvel mit dem futuristischen Glaspalast des Quartier 207, Pei mit seiner eleganten Art-déco-Fassade im Quartier 206 und Ungers mit dem Quartier 205. Diese Bauwerke funkeln nun wie exotische Edelsteine in der sonst eher öde wirkenden Perlenschnur konventioneller Gebäudekisten – strikt innerhalb der Traufhöhe, aber eben auch nicht kreativ…

Alles ist erlesen, was im Quartier 206 angeboten wird, auch die Blumen! Im edel gestylten Eckladen ist jede einzelne Rose pompös inszeniert. Traumhafte Arrangements, die aussehen wie von einem holländischen Meister gemalt. Filigrane Blüten sind zum Meisterstück japanischer Ikebanakunst gesteckt. Allein der Anregungen wegen lohnt der Besuch.

Die ersten Mieter in den endlich fertigen Gebäuden brauchten einen langen Atem. Die Kundschaft im Osten sah keinen Grund, Geld für Dinge auszugeben, deren Zweck und Nutzen ihnen fremd waren. Und die aus dem Westen hatten keine Lust, zwischen Kränen und ratternden Betonmischmaschinen im Baustaub herumzuwaten. Blieben die Touristen, die auf rohen Bodenplanken über die Baustellen stolperten, auf der Suche nach dem neuen und dem vergangenen Berlin.
Bewundernswertes Durchhaltevermögen zeigte neben dem Kaufhaus Lafayette, das zunächst eine lange Durststrecke durchzustehen hatte, der Großinvestor Jagdfeld. Für das schönste der Objekte, das Pei-Gebäude, fand er nicht gleich adäquate Mieter; also nahm Ehefrau Anna Maria die Sache in die Hand und erfand den »Departmentstore 206«: das eleganteste Kaufhaus der Stadt! Es ist die Mischung und die außergewöhnliche Palette des Angebots: Mode, Taschen, Schuhe, Dessous, Schmuck und Kosmetik, aber auch Accessoires für die Wohnung, Tischwäsche und Geschirr, Antiquitäten und Papeterien – stets sind es auserlesene Stücke, Kollektionen, die man sonst nirgends findet. Dieses luxuriöse Ambiente zog bald auch andere Designer an. Inzwischen beherbergen die Quartiers 205 bis 207 jede Menge Läden, Cafés, Restaurants und Bars und sind, mit ihren Ladenstraßen unterirdisch verbunden, als »Friedrichstadtpassagen« wie geplant be-

liebtes Einkaufsziel geworden. Mit vielfältigen Möglichkeiten und Events: Einer der exclusivsten ist das »Literarische Frühstück« jeden zweiten Samstag eines Monats im eleganten Café des Departmentstore. Hier kann man Schriftsteller, Künstler, Medienleute zum Gespräch treffen. Das Thema ist vorgegeben, um Wortmeldungen wird gebeten. Um Anmeldung natürlich auch (Tel: 030/20946240).

Statt eines Hotelzimmers eine richtige Wohnung, perfekt ausgestattet und angenehm eingerichtet, sogar mit einer kleinen Küche. Man genießt Privatheit und gleichzeitig den Rundum-Hotelservice, der einem in einer fremden Stadt das Leben angenehm macht. Das bietet das »Madison« in den obersten Etagen eines von Josef Paul Kleihues entworfenen Gebäudes. Die Lage, nur wenige Schritte vom Gendarmenmarkt und direkt an der U-Bahnstation Mitte, ist so unschlagbar wie der Preis!

Departmentstore
Quartier 206
Friedrichstraße 71
10117 Berlin-Mitte
Tel: 030/20946240
Fax: 030/20946244

Kaufhaus
Galeries Lafayette
Französische Straße 23/
Ecke Friedrichstraße
10117 Berlin-Mitte
Tel: 030/209480
Fax: 030/20948102
tägl. 9.30–20, Sa 9–16

Residenz-Hotel
Madison
Friedrichstraße 185–190
10117 Berlin-Mitte
Tel: 030/202920
Fax: 030/20292920
www.madison-berlin.de

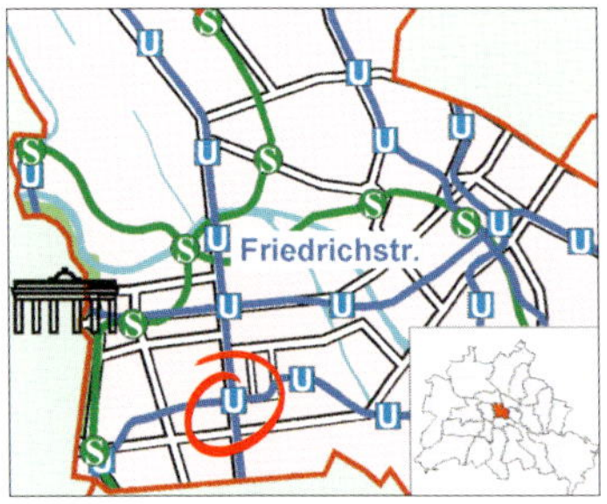

Eine Küche voller Düfte und Aromen

Der Bauunternehmer Fritz Eichbauer ist ein Genießer mit geradezu missionarischem Eros. So hat er mit dem »Tantris« bereits vor einem Vierteljahrhundert seiner Heimatstadt München eine neue kulinarische Dimension eröffnet. Das Restaurant, in dem seinerzeit Eckart Witzigmann zum ersten Mal drei Michelin-Sterne nach Deutschland geholt hatte, gehört auch heute, mit Hans Haas am Herd, zur allerobersten Liga. Natürlich konnte Eichbauer als Präsident des Verbands des Bauhandwerks nicht gleichgültig sein, welcher Art die Gastronomie im Erdgeschoss des neuen Verbandssitzes in Berlin sein würde. Der Ort, einen Steinwurf vom Gendarmenmarkt entfernt, forderte allerdings ein anderes Konzept. Einen Gourmettempel wie in München wollte er hier nicht schaffen, aber ein angenehmes Restaurant, in dem man sich mittags auf bestem Niveau in gebotener Kürze atzen, den Abend mit mehr Zeit zum Genuss bei erstklassigem Essen und Trinken verbringen kann. Genau das ist gelungen.

Ein lichter, klarer Raum; Spiegel sorgen für größere Weite und ermöglichen unerwartete Blickwinkel. Moderne Kunst, vorneweg das knallbunte Portal am Eingang, und der schöne Parkettboden aus warmtönigem Olivenholz verleihen Farbe und Wärme. Der Bartresen ist nicht nur für den Aperitif da: Eilige können hier auch rasch einen Happen essen.

Glattbutt

Das gebratene Filet sitzt auf einem zarten Püree aus frischen Erbsen, dem Minze ein interessantes Parfum verleiht. Hauchfeine, frittierte Frühlingszwiebelstreifen bilden mit ihrer Knusprigkeit einen hübschen Kontrast.

Die den Gästeblicken geöffnete Küche schafft Vertrauen, denn dort herrscht nicht die sonst in Küchen übliche Hektik. Die Ruhe, Konzentration und Gelassenheit, mit der die vierköpfige Brigade unter Leitung von Volkmar Drkosch hier arbeitet, teilt sich auch den Gästen mit. Und die Begeisterung, mit der der junge Maître Manuel Finster und seine kleine Mannschaft die Gäste empfangen und umsorgen, schafft eine fröhliche Stimmung.
Die Karte ist klein und wechselt täglich. Dass Drkosch Gemüse liebt, beweist jeder Teller. Wenn ein Gast gar kein Fleisch will, ist das für ihn Herausforderung, kein Problem. Jedes große Menü bietet mindestens einen Gemüsegang. Es ist eine leichte Küche, die virtuos mit den Düften und Aromen spielt, dabei Ideen aus der mediterranen Küche variiert, aber genauso gern mit heimischen Produkten arbeitet. Das Wild, zum Beispiel, liefert ein Gast, der über ein Jagdgebiet in der Schorfheide verfügt. Und die Wildkräuter, die der Kräuter-Hansi, ein ebenso skurriler wie geschäftstüchtiger Naturbursch, Drkosch wie vielen anderen Berliner Köchen täglich liefert, dienen bei ihm nicht nur als Dekoration: Er verwendet sie verschwenderisch.
Die Weinkarte ist klein, aber intelligent zusammengestellt. Was nicht verwundert, wenn man weiß, dass Deutschlands berühmteste Sommelière, Paula Bosch aus dem »Tantris«, sie betreut.

Perlhuhnbrust

Eine kunterbunte Mischung der verschiedensten Salat- und Kräuterblätter und Blüten (blaue Borretsch-, gelbe Senfblüten!), dazwischen marinierte rote Zwiebelringe, gedünstete Champignonwürfel und hauchdünne, kross gebratene Vollkornbrotscheibchen. Obenauf Streifen von gebratener Perlhuhnbrust. Angemacht mit einer angenehm säuerlichen Vinaigrette. Ein fröhlicher Auftakt!

Seeteufel

Das dicke Filetstück von der Lotte mit den Düften der Provence kommt direkt aus dem Ofen auf den Tisch: Rosmarin, Thymian und Knoblauch, auch Tomaten und Auberginen wurden mitgebraten, der Knoblauch dadurch richtig resch. Wunderbar dazu zweierlei grüne Bohnen: die breite Sorte schräg in schmale Streifen geschnitten, die anderen stricknadeldünn und mit jenem zarten Biss, der nur mit makellos frischem Gemüse gelingt.

Donauwaller

Ein dicke Tranche vom Waller, dem saftigen Fisch aus bayerischen Gewässern, auf der Haut knusprig gebraten; innen blieb sie herrlich saftig. Sie ist auf einen schmelzend sanften Risotto gebettet, der seinen knoblauchwürzigen Duft und die leuchtend grüne Farbe püriertem Bärlauch verdankt. Daneben gedünstete, längs halbierte Frühlingszwiebeln und Würfel von Kohlrabi. Ein bärlauchduftender Sud schafft als Sauce die Verbindung.

Restaurant
Portalis
Kronenstraße 55–58
10117 Berlin-Mitte
Tel: 030/20 45 54 96
Fax: 030/20 45 54 98
Di–Sa 12–15, 18–24

Variation von der Erdbeere

Drei Konsistenzen, dreierlei Geschmack: Erdbeereis (Fruchtpüree in der Eismaschine gefroren, ein Schuss Sahne gibt ihm mehr Fülle!), frische Früchte mit ihrer Sauce, für die man reife, duftende Erdbeeren mit etwas Zucker im Mixer püriert. Und schließlich ein Parfait: Unter die klassische Eisgrundmasse, für die man Eigelb und Zucker im Wasserbad heiß und cremig schlägt, wird Fruchtpüree gerührt, dann lockert man mit steif geschlagener Sahne auf. Die Förmchen, in denen man das Parfait gefrieren lässt, sind hier mit einem hauchdünnen schwarz-weiß gestreiften Schokoladenband ausgekleidet. Das macht Mühe, sieht dafür aber sehr edel aus!

Melonensüppchen

Für die fruchtige Suppe braucht man nichts weiter als eine erstklassige Melone im perfekten Reifegrad. Das Fleisch wird gemixt, zusätzliche Würze ist kaum nötig, vielleicht ein paar Tropfen Zitrone und eine Spur Zucker. Dazu gibt es ein schmelzend sanftes Lavendelblüteneis, das mit seinem Duft nach Sommer und Provence betört.

Am Potsdamer Platz: etwas New Yor

Blick von der Commerzbank am Brandenburger Tor auf die neue Skyline am Potsdamer Platz. Rechts das spektakuläre Zeltdach des Sony-Center.

nd ein wenig Hollywood

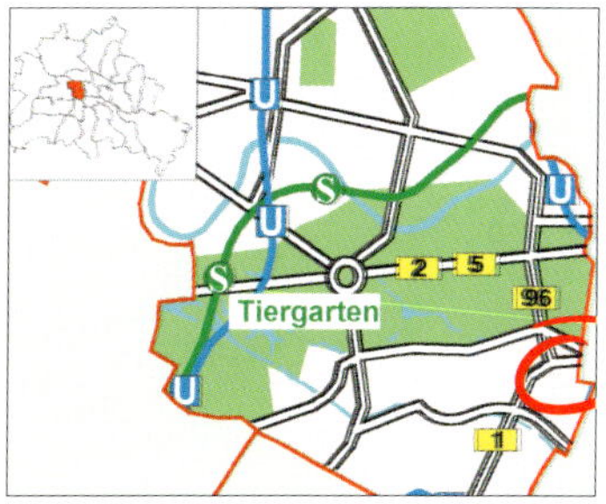

Der Potsdamer Platz war einst der verkehrsreichste Berlins: Hier führte die Reichsstraße Nr. 1 von Westen in die Stadt, schnitten sich Buslinien, Straßen-, S- und U-Bahn, hier stieg man aus, um in eines der unzähligen Kinos, Varietés oder Restaurants zu gehen. Rund um den Potsdamer Platz amüsierte man sich! Dann fielen die Bomben, und es gab nur noch Trümmer und Ruinen. An der Stelle des verbindenden Potsdamer Tors zum Leipziger Platz wurde die trennende Mauer errichtet. Ende der achtziger Jahre fasste der Daimler-Benz-Konzern unter dem Vorsitz von Edzard Reuter, Sohn des legendären Berliner Bürgermeisters Ernst Reuter, den kühnen Entschluss, die Zentrale der Dienstleistungstochter debis direkt neben die Mauer zu setzen: Daimler erwarb riesige Grundstücke am Potsdamer Platz zu günstigem Preis. Es gab niemanden sonst, der dort hinwollte. Doch dann fiel die Mauer, und der Standort wurde zu einem der attraktivsten ganz Berlins. Glück gehabt! Oder einen guten Instinkt? Oder bessere Informationen? Die beneidete debis suchte Mitstreiter und fand Sony – auch das eine Geschichte mit persönlichem Hintergrund. Präsident Norio Ohga hatte in Berlin studiert und wollte seine Europa-Niederlassung in

dieser Stadt sehen, nicht in London oder Paris. Während die heiß diskutierten Pläne für eine zukunftsweisende Bebauung reiften, nutzten fliegende Händler das Gelände für den legendären Polenmarkt. Als die Bagger anrückten, hatte Renzo Piano die phantastische Idee, das gewaltige Unternehmen – immerhin werden acht Milliarden Mark verbaut – ins rechte Licht zu rücken: die *Red Box.* Sie wurde am Oktogon des Leipziger Platzes aufgestellt, damit jeder sich über das Projekt informieren konnte. Die neugierigen Berliner (und auch Touristen) kamen in Scharen, und das Interesse, das die Entstehung des Potsdamer Platzes – wie man unpräzise sagt – begleitete, war enorm. Und so ist es vielleicht gar nicht so erstaunlich, dass das neue Vergnügungsviertel sofort voll angenommen wurde.

Der Investor hatte gut gearbeitet: Man fand eine spannende Mischung der Nutzung und achtete darauf, das Niveau nicht zu hoch anzusiedeln. Ein Luxushotel (»Hyatt«) und die besten Kinos der Stadt (Cinemaxx und Imax) leistete man sich freilich schon, auch eine mit ausgewachsenen Platanen bepflanzte Allee, die alte Potsdamer Straße – heute Sackgasse, weil die während des Kalten Krieges ge-

An New York erinnernde Dynamik am Potsdamer Platz: geschickt inszenierte Gegensätze von weiten Räumen und engen Straßen. Und Abwechslung durch einträchtiges Nebeneinander völlig unterschiedlicher Stilrichtungen: Für das linke Gebäude von DaimlerChrysler zeichnet Renzo Piano verantwortlich, für das in der Mitte Hans Kollhoff, rechts das Sony-Center von Helmut Jahn.

Konkurrenzlos schön und günstig kann man im »Madison« am Potsdamer Platz wohnen. Die Ausstattung ist geschmackvoll, höchst elegant; es wurden nur beste, naturbelassene Materialien verwendet. Die meisten Appartements haben einen Balkon auf den traumhaft schönen Innenhof, wo man sich tatsächlich wie in der viel zitierten Oase der Stille inmitten der hektischen Großstadt fühlt. Man kann sich in diesem Boarding-House der Luxusklasse zurückziehen wie zu Hause oder es als Residenz-Hotel nutzen und sich bedienen lassen.

Von der Sonnenterrasse des großartigen Schwimmbads im »Grand Hyatt« blickt man auf die Philharmonie (links) und die Büro- und Kinolandschaft am Pots-

baute Staatsbibliothek sie abriegelt. Die Potsdamer Straße muss daher jetzt einen Bogen schlagen. Und die auf dem Sony-Areal erhalten gebliebenen Kaisersäle vom Hotel »Esplanade« wurden in einer aufwendigen und öffentlichkeitswirksamen Aktion um 75 Meter verschoben, um in Zukunft festlichen Veranstaltungen zu dienen. An einem künstlichen See lockt das Stella-Musical-Theater, in dem zum Beginn des neuen Jahrtausends die Berliner Filmfestspiele eröffnet wurden, endlich mit an Hollywood erinnerndem Glamour. Eine Spielbank, Ladenpassagen, Bars, Lounges, Cafés und vielerlei Restau-

damer Platz. Die Zimmer sind zeitgeistig durchgestylt und funktional eingerichtet; das Bad mit randvoll zu füllender Wanne und fabelhafter Dusche lässt sich durch Schiebetüren mit dem Schlafbereich zu einem einzigen hellen Raum verbinden. Jedes Zimmer verfügt über eine komplette Workstation mit Internet-Fernseher und allen Kommunikationsmöglichkeiten, die man sich heute nur wünschen kann.

rants runden das Angebot ab. Im cool-eleganten »Vox« im »Hyatt« werden in der offenen Küche trendige Neue-Welt-Gerichte zubereitet, von einem Japaner auch Sushi. Leider kann das alte Weinhaus »Huth«, jahrzehntelang hier einsam auf weiter Flur, nicht mehr überzeugen.

Unmittelbar neben dieser City am Potsdamer Platz öffnet sich das Kulturforum mit der Philharmonie, der großartigen Gemäldegalerie – in der die nach Ost und West verteilte Preußen-Sammlung wieder zusammengeführt ist – und der Neuen Nationalgalerie von Mies van der Rohe, die endlich, seit man die unsäglichen Vorhänge abgehängt hat, ihre elegante Transparenz entfalten kann. Die Westberliner, die diesen Komplex bisher nur von ihrer Seite her wahrgenommen haben, bringen ihn erst langsam mit dem Vergnügungszentrum am Potsdamer Platz in Verbindung.

Noch ist der ganze Bereich des Kulturforums zwischen Staatsbibliothek (im Bild unten rechts), Hotel »Hyatt«, Musikinstrumenten-Museum, Philharmonie (unten Mitte, links der Konzertsaal) mit Kammermusiksaal, Kunstgewerbemuseum und Gemäldegalerie (unten rechts, oben die zentrale Säulenhalle) sowie der Neuen Nationalgalerie nicht fertig gestaltet, sondern ungeordneter Parkplatz. Aber das wird auch noch werden und schmälert nicht die Attraktivität dieses Ensembles hinter der City am Potsdamer Platz.

Hotel
Grand Hyatt
Marlene-Dietrich-Platz 2
10785 Berlin-Tiergarten
Tel: 030/25 53 12 34
Fax: 030/25 53 12 35
www.berlin.hyatt.com

Restaurant & Bar
Vox
Tel: 030/25 53 17 72
tägl. 12–14.30
und ab 18
(Küche bis 24)

Die Bar ist très chic: super Drinks in cooler Atmosphäre!

Hotel/Boarding-House
Madison
Potsdamer Straße 3
10785 Berlin-Tiergarten
Tel: 030/5 90 05 00 00
Fax: 030/5 90 05 05 00
www.madison-berlin.de

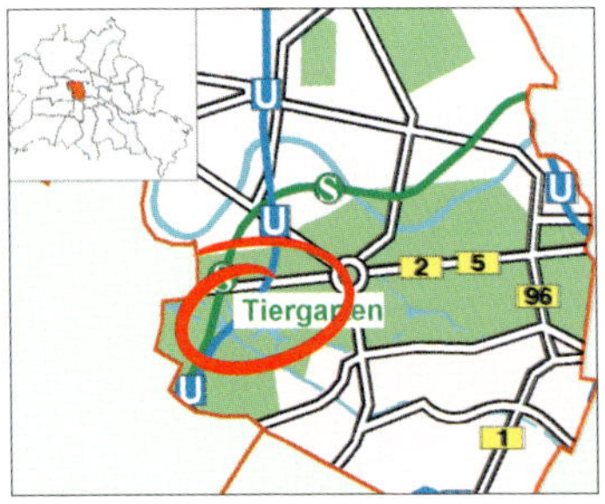

Die Idylle mitten in der Stadt

Der Tiergarten war immer schon das grüne Herz, oder, wie man sagt, die grüne Lunge von Berlin. Ein Park, so groß, bedeutend und geschichtsträchtig wie der Englische Garten in München, der Hyde Park in London oder der Bois de Boulogne in Paris. Zu Zeiten des Kalten Kriegs, als die Insel Berlin kaum Ausflugsmöglichkeiten bot, war der Tiergarten das wichtigste Erholungsgebiet, das den Westberlinern blieb. Die ersten Aufzeichnungen über den Tiergarten finden sich bereits im frühen 16. Jahrhundert. Zu Zeiten des Großen Kurfürsten gehörte das gesamte Terrain im Westen vor den Toren der Stadt dazu, rechts und links entlang der mäandernden Linie der Spree, etwa bis zum (damals noch nicht vorhandenen) Charlottenburger Schloss. Nach Süden erstreckte er sich bis etwa zum heutigen Schöneberg. Das Gelände war umhagt, denn tatsächlich wurde damals im Tiergarten, der

Im Schatten riesiger Linden und Eichen Biergartenatmosphäre, wie man sie sonst nur in Bayern kennt. Der Unterschied: Niemand bringt sein Essen mit. Wer vor dem gläsernen Pavillon Platz genommen hat (Hintergrund, Bild unten), wird à la carte bedient: Pasta, Baguettes, Salate – die ganze Palette moderner Bistroküche. An die Biertische holt man sich die Mahlzeit vom Tresen. Das Angebot ist eine eigenwillige Mischung: Würstel vom Grill oder Fleischkäse mit mayonnaiseüppigem Kartoffelsalat, Buttercremetorte und Kaffee, Schmalzstulle und Brezeln; aber auch Gazpacho und Mozzarella mit Tomaten.

Wie in jedem zünftigen Biergarten herrscht Selbstbedienung. Hier ist sie perfekt organisiert. Mehrere Kassen wie im Supermarkt sorgen für reibungslose, rasche Abwicklung. Es gibt Biere für jeden Geschmack: klassisch-trübes Weißbier aus Bayern, Helles aus Berlin und natürlich fehlt die Berliner Weiße nicht – mit Waldmeistersirup grell grün gefärbt.

auch aus ausgedehnten Wäldern bestand, Wild gehalten. König Friedrich Wilhelm I. machte schließlich um 1718 aus dem Wald ein Erholungsgebiet für seine Untertanen. Allerdings hatte er für die Einrichtung von Parkanlagen keinen Sinn, ihm war der landwirtschaftliche Nutzen der Fläche wichtiger. Sogar Maulbeerbäume ließ er anpflanzen, aber seine Hoffnung auf lukrative Seidenproduktion wurde nicht erfüllt: falsches Klima, falscher Boden!
Friedrich der Große schließlich gab 1742 dem Tiergarten seine endgültigen Grenzen und beauftragte seinen Freund und Leibarchitekten von Knobelsdorff mit der Umgestaltung zum Park – seine Grundlinien bestimmen noch heute dessen Bild. Der Tiergarten ist die Oase der Berliner, hier können sie den Nachtigallen lauschen, joggen, grillen, die Natur genießen, nur wenige Schritte vom Trubel des Verkehrs und dem Treiben der Metropole entfernt.

Biergarten
Café am Neuen See
Lichtensteinallee 1
zwischen Zoologischem Garten und Straße des 17. Juni
Tel: 030/2544930
tägl. 10–23 (Sommer), 10–20 (Winter)

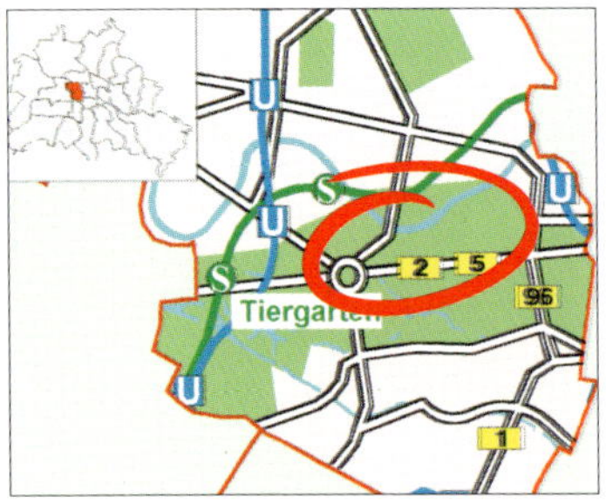

Am Spreebogen: Macht und Muße

Mit Superlativen ist man in Berlin schnell bei der Hand. Das neue Regierungsviertel gilt als »die größte Baustelle des Kontinents« – und diesmal mag man nicht widersprechen. Allein das »Band des Bundes« ist eineinhalb Kilometer lang und hundert Meter breit! Es zieht sich vom Ostufer der Spree zweimal über sie hinweg, ungeachtet der Topographie, in schnurgerader Linie nach Westen. Ein gigantischer Gebäudekomplex, der Raum für die Parlamentsbibliothek, das Abgeordnetenhaus und für das Kanzleramt bietet.

Die Architekten Axel Schultes und Partnerin Charlotte Frank hatten den Wettbewerb um dieses Projekt nicht nur deshalb gewonnen, weil ihre Lösung sich mit glücklicher Leichtigkeit über den historischen Grundriss der Stadt hinwegsetzte, sondern auch, weil sie auf elegante Weise die Berliner Bautraditionen hinter sich ließen: Statt der ewig gleichen, möglichst dunklen Steinfassaden mit ihren viereckigen, genau bemessenen Fensterlöchern zeigt ihr Regierungsband unschuldiges Weiß und glänzt mit transparentem Glas. »Ein solches Gebäude haben die Bundesrepublik und erst recht Berlin noch nicht gesehen«, jubelte Jürgen Neffe im »Spiegel« angesichts des Modells.

Dem Kanzleramt wurde jedoch noch nachträglich ein überdimensionaler Hut aufgesetzt. Helmut Kohl, der offenbar davon ausgegangen war, selbst

Von der Moltkebrücke mit ihren buntsandsteinernen Figuren sieht man das Bundeskanzleramt am Spreeufer in seiner ganzen Größe vor sich liegen. In der Tat ein monumentaler Bau! Er verdeckt die Sicht auf die Kongresshalle, die über der Spree thront und bei schönem Wetter mit dem »River Café« lockt, einem der größten Biergärten Berlins.

Von der Lutherbrücke öffnet sich über der Spree eine interessante Perspektive: Links das geschwungene Dach der Kongresshalle, früher »Schwangere Auster«, heute pompös »Haus der Kulturen der Welt« genannt. Rechts der Carillon, ein Glockenspiel mit 68 Glocken. In der Mitte bildet die Reichstagskuppel mit dem Internationalen Handelszentrum an der Friedrichstraße und dem Fernsehturm eine Achse.

dereinst hier einzuziehen, wünschte, das »sein« Amtsgebäude als Solitär die übrigen überragte. Jetzt thront es auf dem Dach des Riegels und kündet vom Größenwahn der Macht.

Nur einen Steinwurf entfernt befindet sich einer der größten Biergärten der Stadt, das »Rivercafé« am Haus der Kulturen der Welt, der ehemaligen Kongresshalle also, die man unter ihrem liebevollen Spitznamen »Schwangere Auster« besser kennt. Zur Spree stehen unter weißen Schirmen insgesamt 1500 Stühle, auf mehreren Terrassen bis hinunter zum Uferstrand. Bei schönem Wetter sitzt man sehr romantisch am Wasser, dem Kanzleramt und seinem Garten gegenüber, vor sich ein kühles Bier oder erfrischendes Getränk, die vorbeituckernden Ausflugsschiffe und die Macht im Blick.

Café Restaurant
Rivercafé
John-Foster-Dulles-Allee 10
hinter der Kongresshalle
10557 Berlin-Tiergarten
Tel: 030/39 03 26 16
Fax: 030/39 03 26 18

Im Biergarten kann man sich von der Selbstbedienungstheke holen, was einem schmeckt: morgens Frühstück, mittags die Sommerklassiker Paella, Pasta, den allgegenwärtigen Gazpacho, der wirklich in keinem Biergarten fehlt, und vom Grill, neben den üblichen Hähnchen und Würsten, auch Enten. Nachmittags werden zum Kaffee gewaltige Bleche voller Kuchen angeschnitten. Auf den feineren Plätzen wird man bedient: Die Palette der Vor- und Hauptgerichte ist klein, aber bunt, Salate in jeglicher Façon und vor allem Fisch; besonders beliebt: halbe Hummer mit Dips zum Stippen. Jürgen Fehrenbach, unter dessen Verantwortung das kulinarische Konzept steht, hat den Ehrgeiz, eine weltoffene

Das »Paris-Moskau« mit seiner französisch inspirierten Küche liegt wahrlich pittoresk. Dabei ist das Zentrum der Macht keine hundert Meter entfernt. Das »Angkor Wat«, nicht weit vom Schloss Bellevue, bietet kambodschanisches Essen, erfreulich authentisch. Adresse nächste Seite.

Aus dem Wok

Links: Gemüse wie Bohnensprossen, feine Streifen von Möhre, Lauch, Bambus und Zwiebel werden in neutralem und Sesamöl auf stärkstem Feuer unter stetem Rühren gebraten, dabei mit Knoblauch und reichlich in Streifen geschnittenem Ingwer gewürzt. Abgelöscht wird mit je einem Schuss Sojasauce und Reiswein. Rechts: Gebratenes Rindfleisch. In schmale Streifen geschnittene Lende wird mit Speisestärke eingerieben und im heißen Öl (wie oben) rasch angebraten. Gewürzt wird mit Knoblauch, Ingwer, reichlich in feine Scheibchen geschnittenem Zitronengras, Kurkuma und fein gehacktem Galgant. Mitgebraten werden Streifen von Paprika, Bambus und Frühlingszwiebeln sowie Brokkoliröschen.

Küche zu bieten, pfiffig in der Idee, aber solide in Ausführung und Qualität. Ein Anspruch, der nicht immer leicht durchzuhalten ist!

Vom Kanzleramt ist es nur ein Katzensprung über die Moltkebrücke auf die andere Spreeseite zum Restaurant »Paris-Moskau« in Alt-Moabit. Das winzige Fachwerkhäuschen von 1898 wirkt wie vergessen an der leergefegten Straße, wo es den Zweiten Weltkrieg als einziges Gebäude fast unbeschädigt überstand. Die Ruine, die sich anschließt, erinnert noch daran. Als Wolfram Ritschl das Häuschen Mitte der achtziger Jahre kaufte, konnte niemand ahnen, das dieser Ort am Ende der Welt recht bald ins Zentrum rücken würde. Das russische Restaurant, das er zunächst darin etablierte, war kein Erfolg. Und als zwei Jahre vor der Wende im renovierten Häuschen mit dem prächtigen Gründerzeitbuffet ein anspruchsvolles Restaurant eröffnet wurde, lächelte man über den Mut, einen derart entlegenen und skurrilen Platz beleben zu wollen. »Paris-Moskau« hat man es genannt, eine Anspielung auf die direkt am Haus vorbeiführende Bahnverbindung zwischen den beiden Metropolen ... Das Restaurant gibt es immer noch, heute mit Andreas Lochner als Küchenchef, Ehefrau Gerlinde betreut den Service. Man sitzt an weiß gedeckten Tischen auf dunklen Bistrostühlen, an warmen Abenden auf der kleinen Terrasse oberhalb der Spree. Im Frühling umweht vom betörenden Duft der Akazienblüten, die der verknorzte, uralte Baum, der sie beschattet, noch immer üppig produziert. Die Küche ist französisch inspiriert, es gibt etwa Lamm mit provençalischen Kräutern, aber auch Hiesiges zum Beispiel Steinbutt auf Gurkengemüse. Sauber gekocht und gut gewürzt, dazu eine interessante Weinauswahl. Bald soll ein gläserner Anbau für Großzügigkeit sorgen.

Die Siegessäule inmitten des Großen Sterns auf der Straße des 17. Juni (die ihren Namen zum Gedenken an den Aufstand in der DDR von 1953 trägt), soll an die preußischen Siege in den so genannten Einigungskriegen erinnern: 1864 gegen Dänemark, 1866

gegen Österreich und 1870/71 gegen Frankreich. Stolz und prächtig golden winkt die Siegesgöttin Victoria, schnoddrig »Goldelse« genannt, mit ihrem Lorbeerkranz von der mit den erbeuteten Kanonenrohren geschmückten Säule aus 67 Meter Höhe. Bis 1938 stand sie vor dem Reichstag. Erst die Nazis verfrachteten sie auf das heutige Podest, um das Denkmal noch gewaltiger erscheinen zu lassen.
Von hier führt im spitzen Winkel ein Schleichweg zur Spree, sollte die Strecke bis zum Brandenburger Tor wieder mal von Inline-Skatern oder Love-Paradern verstopft sein, vorbei am Schloss Bellevue. Es wurde 1785 als Sommersitz für Prinz Ferdinand erbaut, den jüngsten Bruder Friedrichs des Großen. Heute dient es dem Bundespräsidenten als Amts-

Im Schatten riesiger Linden, Kastanien und Eichen wird sonntags bei schönem Wetter im Tiergarten ein gigantisches Grillfest abgehalten. Das Schloss Bellevue im Blick, versammeln sich hier Tausende von Türkenfamilien. Vater genießt die Wasserpfeife. Die Kinder toben umher. Und vom Grill duftet es verführerisch nach Knoblauch und Lamm.

Großstädtischer Service, den man vor allem rund um die Siegessäule erleben kann: Kaum bleiben die Autos vor der Ampel stehen, stürzen vom Mittelstreifen ganze Putzkolonnen herbei, meist Punks in abenteuerlichem Outfit. Ein Einverständnis heischender Blick, dann seifen sie ruckzuck und hochprofessionell die Frontscheibe ein. Nach Entrichtung des entsprechenden Obulus, versteht sich, wird alles wieder blank gewischt. Klar, dass niemand sich verweigert.

sitz. Zum Wohnen war es schon damals recht unkommod, wie man lesen kann, denn preußische Sparsamkeit ließ den Bauherrn die Schneider'sche Lederfabrik, die hier stand, als Westflügel in die Schlossanlage integrieren, und der Grundriss, den dieser Tatbestand vorgab, erlaubte keine großzügigen und bequemen Zimmerfluchten. Unser jetziger Bundespräsident verzichtet deshalb gern auf das Privileg, im Schloss zu wohnen. Für die Büros des Präsidialamts hat man in den Schlosspark einen atemberaubenden Neubau gestellt. Das Gebäude mit seiner hochglänzenden Fassade aus schwarz-grünem Granit von den Architekten Gruber und Kleine-Kraneburg entworfen, heißt, seines ovalen Grundrisses wegen, bei den Berlinern Präsidenten-Ei.

Vom Tiergarten aus verbindet eine diagonale Achse den Kleinen Stern mit dem Schloss. An warmen Sonntagen ist der reizvolle Durchblick jedoch getrübt: Dichte Rauchschwaden umnebeln dann das Areal. Wer es zum ersten Mal sieht, möchte die

Feuerwehr alarmieren. Aber die Ursache ist völlig harmlos. Sonntags wird der Tiergarten zum Grillplatz, auf dem ein ausgelassenes Treiben herrscht, Kinder tollen herum, die Mütter packen den Picknickkorb aus, und bevor die Männer der Ruhe pflegen, widmen sie sich unter lautem Palaver hingebungsvoll dem Feuer ...

Restaurant
Angkor Wat
Paulstraße 22
10557 Berlin-Tiergarten
Tel: 030/3933922
tägl. 12–24

Bar Restaurant
Paris-Moskau
Alt-Moabit 141
10557 Berlin-Tiergarten
Tel: 030/3942081
Fax: 030/3942602
tägl. 18–24

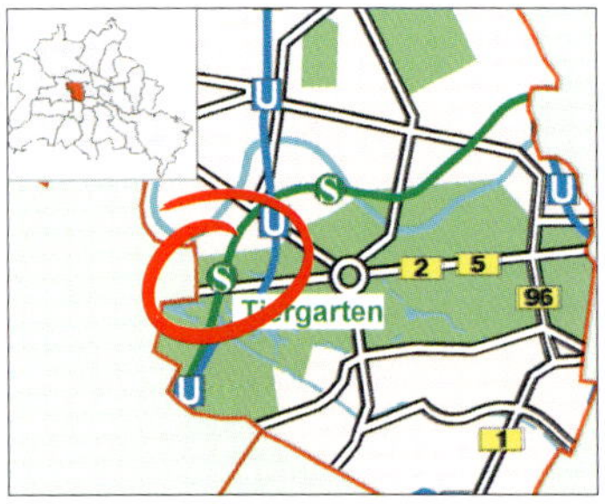

KPM – das weiße Gold des Alten Fritz

Man kann sich kaum vorstellen, welchen Stellenwert die Porzellanherstellung in der Mitte des 18. Jahrhunderts hatte – es ging um höchstes Prestige und enormes wirtschaftliches Potenzial: Alle Höfe Europas wetteiferten darum, das schönste Porzellan herzustellen und sich einen Marktanteil zu sichern.

Das Porzellan – der Begriff stammt von Marco Polo, nach einer hell und transparent schimmernden Schnecke, die wiederum ihre Bezeichnung der Ähnlichkeit mit dem gekrümmten Rücken eines Ferkels (porcellus) verdankt! – war um 600 in China erfunden worden, gelangte aber erst ab 1500 als Handelsware nach Europa. Hier kannte man um diese Zeit die Fayencen (in Faenza) und Majoliken (auf Mallorca), etwas später kam Delfter Keramik in Mode. Die größere Festigkeit und schönere Transparenz des

König Friedrich II. selbst hat das Zepter des Kurbrandenburgischen Wappens als Manufakturmarke ausgewählt, um den Meißner Schwertern Paroli zu bieten. Es wird vor der Glasur aufgedrückt. Die Bemalung, ebenfalls unter Glasur, geschieht stets per Hand, die Blumen werden frei mit dem Pinsel aufgetragen – so entstehen immer Unikate, inspiriert von alten Vorlagen und dem Malen nach der Natur. 35 Künstler arbeiten bei KPM, die meisten sind Frauen. Acht bis zehn Jahre dauert es, bis man das kann – wenn man begabt ist! Rechts: Kurland-Kaffeekannen.

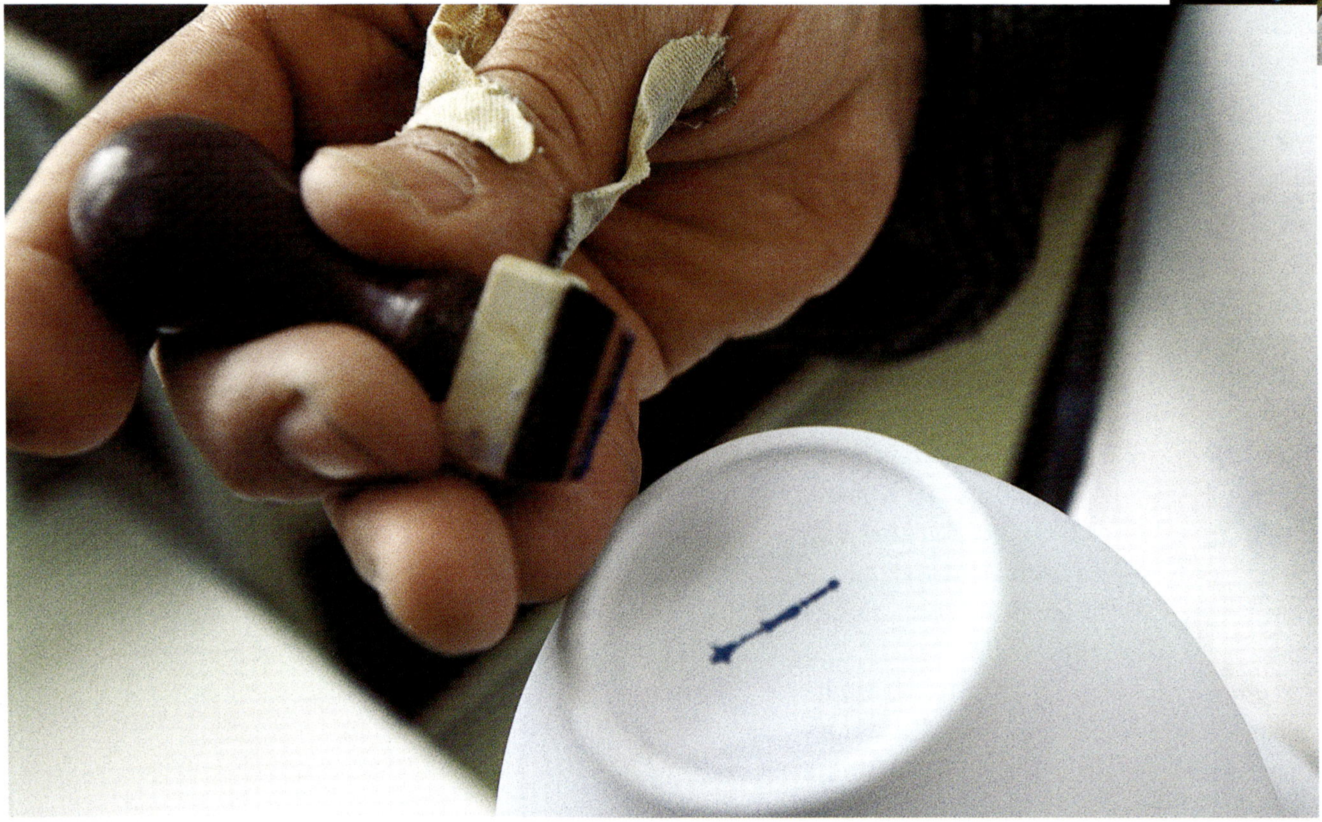

Porzellans erregte sofort Begehrlichkeit, und die Reichen zahlten horrende Preise: Der sächsische Kurfürst August der Starke überließ dem Soldatenkönig, dem Vater Friedrichs des Großen, ein ganzes Regiment Dragoner für ein paar chinesische Vasen!
Erst 1708 war es J. F. Böttger in Dresden nach vielen Versuchen endlich gelungen, die Herstellung von Porzellan nachzuerfinden. Es dauerte aber noch einige Jahre, bis die europäischen Produkte in Feinheit des Materials, Eleganz der Form und Fülle der Farben mit den chinesischen konkurrieren konnten. Auch Friedrich der Große wünschte eine Manufaktur in seinem Reich und förderte ab 1751 verschiedene Unternehmer, mit mäßigem Erfolg. 1763 verlor er die Geduld und kaufte die in finanzielle Schwierigkeiten geratene Berliner Porzellanmanufaktur, die damit königlich wurde: KPM, das älteste Unternehmen Berlins!

Friedrich ließ für seine vielen Schlösser insgesamt 21 Service anfertigen, er verschenkte auch viel Porzellan, um für seine Manufaktur zu werben. Damals wurden die ausgeprägten Rokokoformen entwickelt: *Reliefzierrat, Antikzierrat* (heute *Rocaille* genannt), *Neuosier* (osier = französisch Weidengeflecht) und *Neuglatt,* das sich besonders gut für die naturgetreue Blumenmalerei eignet, die Spezialität von KPM. Der Alte Fritz war selbst sein bester Kunde, doch bald florierte die Manufaktur: Es kauften die nordischen Königshäuser, deutsche Fürsten, Gesandte und Generäle ein. Dabei nützte dem Geschäft, dass ein Importverbot für Porzellan erlassen worden war, reiche Bürger und wohlhabende jüdische Geschäftsleute also die Aussteuer ihrer Töchter bei KPM zu erstehen hatten. Weil diese Kundschaft haltbare Ware wünschte, ist der KPM-Scherben dicker als der von Sèvres oder Nymphenburg.
1790 wurde das Kurland-Service geschaffen, das man heute in 90 verschiedenen Dekoren kaufen kann. Dann kamen eher Vasen und Figuren in Mode; Schinkel entwarf die prachtvollen klassizistischen Körbe, für die innerhalb von 90 Minuten bis zu 3000 Schnitte in das weiche Material gesetzt werden müssen – verständlich, dass unter diesem Druck höchstens 10 Prozent erste Wahl entsteht!
Trude Petri entwickelte in den dreißiger Jahren das der neuen Sachlichkeit verpflichtete *Urania* und das konsequent auf Kreis und Kugel basierende *Urbino,* dem sie 1942 die *Feldblumen* folgen ließ. Siegmund Schütz schuf unter anderen das klassizistisch anmutende *Arkadia.* Und 1993 brachte KPM das Service *Berlin* von Enzo Mari heraus. Nicht nur diese jüngeren, auch die Rokoko-Service werden ständig hergestellt. Das grenzt an ein Wunder, denn es war nicht leicht, die vielen durch den Krieg verloren gegangenen Formen wieder neu zu schaffen. Heute verfügt KPM über etwa 50 000 verschiedene Modelle! Die Entwicklungskosten eines Services mit Herstellung der unzähligen Formen belaufen sich inzwischen auf mehrere Millionen Mark. Deshalb ist

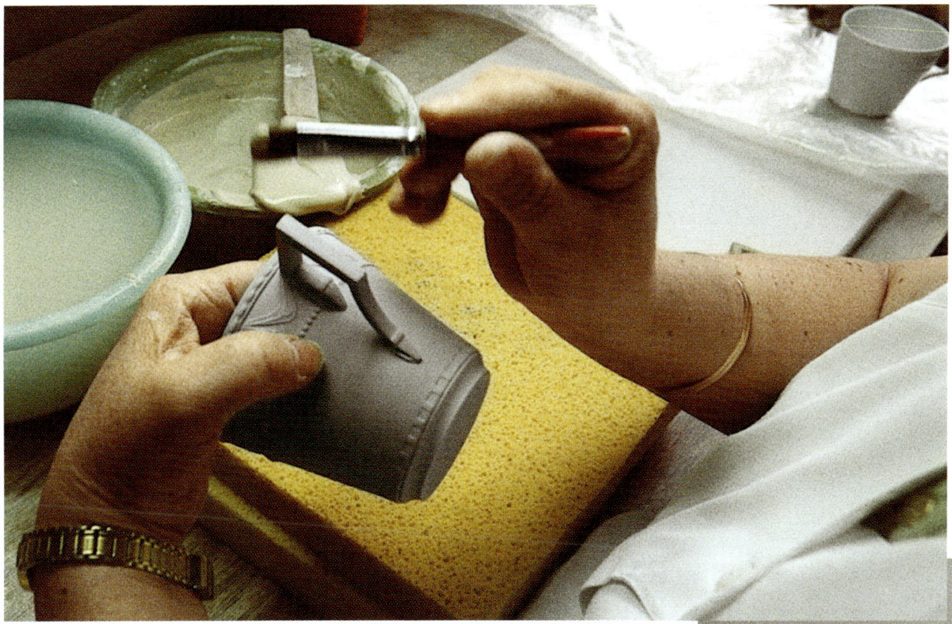

Das Ansetzen der getrennt geformten Henkel an die Kurland-Tasse erfordert eine sichere Hand: Nichts darf sich verbiegen, die Stelle muss bruchfest sein. Die Herstellung mit Formen ist typisch für KPM. Dafür wird die Porzellanmasse – der Rohstoff kommt aus der Gegend um Selb und Marktredwitz – in eine Tonform gegossen. Der Ton entzieht Wasser, sodass die Masse fest wird. Die ungebrannten Stücke sind um fast ein Sechstel größer als die fertigen! Das macht die Nachbildung von verlorenen Formen so schwierig. Links die preußische Kronprinzessin Luise mit ihrer Schwester Friderike von Mecklenburg-Strelitz, das von Schadow eigens für KPM geschaffene, einfach hinreißende Meisterwerk. Für 27 500 Mark zu haben …

Manufaktur-Porzellan teuer, vor allem, wenn es in Deutschland fabriziert wird: Ein Kilogramm kommt in Berlin auf etwa 300, in Tschechien auf 65 und in China auf 3,50 DM! Aber edles, handgefertigtes Porzellan gehört zur Tafelkultur – und so servieren fast alle Berliner Spitzenrestaurants auf KPM! Meist auf weißen Tellern, um die Schönheit der Gerichte vollendet zur Geltung zu bringen.

Königliche Porzellan-Manufaktur Berlin GmbH
KPM
Wegelystraße 1
10623 Berlin-Tiergarten
Tel: 030/39009-215
Fax: 030/39009-278

Derzeit werden die alten, nicht mehr benutzten Teile der Fabrik zu Schau- und Besucherräumen ausgebaut. Die Manufaktur kann nach Anmeldung besichtigt werden. Im Fabrikverkauf findet man ein großes Angebot von zweiter Wahl zu günstigen Preisen.

Ansonsten sind fast alle undekorierten Stücke ständig im Vorrat von KPM. Wer individuelle Bemalung wünscht, muss ein wenig warten, etwa drei Monate. Der Alte Fritz wurde erst nach einem halben Jahr ungeduldig – allerdings hatte er für Schloss Charlottenburg ein komplettes Service für 30 Personen bestellt!

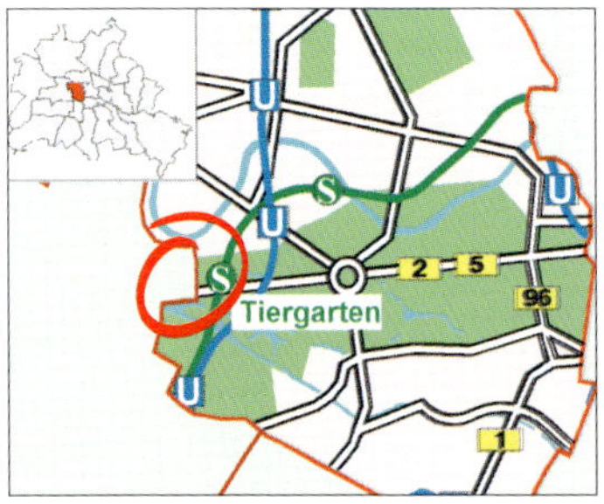

Immer am »17. Juni«: Jagd auf Flöhe!

Um jedem Missverständnis vorzubeugen: Nicht der Sommertag ist hier gemeint. So kürzt die »Berliner Schnauze« die nach dem Gedenktag benannte Straße ab. Und in diesem Fall ist die Rede von einem exakt bemessenen Abschnitt, der vom Charlottenburger Tor das Ernst-Reuter-*Haus* entlang bis zum S-Bahnhof Tiergarten reicht: vom Flohmarkt, der hier jedes Wochenende abgehalten wird, dem größten und interessantesten in Berlin! Nicht zu verwechseln mit dem so genannten Kunsthandwerker-Markt, der Richtung Westen zwischen der Charlottenburger Brücke und Ernst-Reuter-*Platz*, stattfindet und wo Selbstgebasteltes feilgeboten wird!

Hier aber haben die Trödler und Tandler die Verkaufstische aufgeschlagen, einen viertel Kilometer lang bieten sie in Viererreihen ihre Schätze feil. Ein Paradies für Liebhaber alter Sachen, ein skurriler Kosmos mit ganz eigenem Reiz. Stundenlang kann man hier stöbern, auf der Suche nach Dingen einer verlorenen Zeit, und durchaus fündig werden …

»Das ist wie eine Sucht«, lacht Karin Reimann, die Händlerin, die stets besonders schöne Sachen hat und immer in der Nähe der Telephonzelle vor dem Ernst-Reuter-Haus zu finden ist. Obwohl sie einen richtigen Laden ihr Eigen nennt (in Potsdam, siehe Seite 170) fehlt sie nur selten – und wenn, muss man sich Sorgen machen.

Natürlich drängeln sich im Sommer die Massen dichter als an kühlen Herbst- und Wintertagen. Aber Flohmarkt findet bei jedem Wetter statt. Und wer sorgfältig Ausschau hält, kann jedes Mal ein

Vom pfiffigen Hutmodell bis zum edlen Brautkleid, sogar freche Dessous oder ein nostalgisch berüschter Sonnenschirm – für die gepflegte Dame ist alles da. Selbst für den Herrn der passende Zylinder. Aber dieser stöbert offenbar lieber in der Bücherkiste. Bei Händlerin Reimann (Bild rechte Seite) kann man komplette Geschirrservice finden, auch feinste Tischwäsche und Tafelsilber.

Die S-Bahn überquert, kurz bevor sie den Bahnhof Tiergarten erreicht, den Landwehrkanal gleich zweimal, weil er sich dort teilt. Die beiden schmalen Wassergräben sind mit Hausbooten gesäumt – wenn sich die Weiden mit ihrem frischen Grün über sie beugen, ist das ein schönes Bild! Gleich unterhalb des Charlottenburger Tors hat »Capt'n Schillow« festgemacht, ein alter Kahn, und lädt zur Einkehr. Vom Frühstück bis in die Nacht kann man in selten gemütlicher Atmosphäre gut essen und trinken. Auf Deck oder im Bauch des Schiffs.

Flohmarkt
Straße des 17. Juni
Berlin-Tiergarten
Sa–So 8–15

Bootsrestaurant
Capt'n Schillow
Charlottenburger Brücke
Berlin-Tiergarten
Tel: 030/31 50 50 15
Mo bis Sa 11–23,
So ab 10 Brunch
bis 1 nachts!

Schnäppchen machen. Denn Berlin ist groß und voller wohlgefüllter Dachböden, von denen immer mal wieder einer entrümpelt wird. Das hält den Kreislauf der Dinge in Bewegung, es gelangen von neuem Schätze in Umlauf, die man nur entdecken muss. Aber es ist beileibe nicht nur Trödel oder gar Gerümpel. Man kann durchaus erstklassige Antiquitäten finden, allerdings sollte man nicht zu spät aufstehen, sich ein wenig auskennen und genau wissen, was man will …

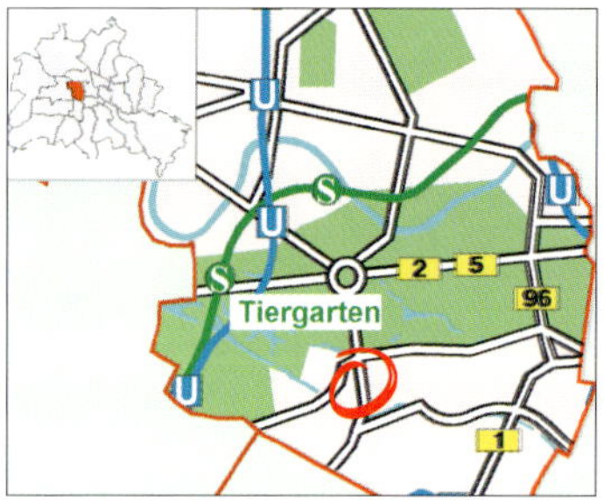

Entspannt, gelassen, heiter: Da

Es waren einmal zwei Berliner Baulöwen, die ein Hotel besitzen wollten. Erstens, weil sie es schick fanden, ein Hotel zu haben. Und zweitens, weil sie sich versprachen, damit bald enorm viel Geld zu verdienen. Als Baulöwen konnten sie sich ihren Herzenswunsch auch ohne Fee erfüllen. Damit es ein außergewöhnlicher Bau würde, beauftragten sie den renommierten Architekten Jürgen Sawade und gewannen Gernot Nalbach für das Konzept der Innengestaltung. Und tatsächlich wurde es ein luxuriöses, angenehmes Grand Hotel, das all das bot, was anspruchsvolle Gäste suchen, wenn sie auf Reisen sind! Ein modernes Märchen?

Das »Esplanade« ist ein Hotel, wie man es sich komfortabler, schöner, bequemer, unangestrengter nicht vorstellen kann. Vom Ankommen, Wagen übergeben, Gepäck ausladen, Einchecken bis ins Zimmer braucht der Gast kaum fünf Minuten. Kein überflüssiger Aufenthalt, kein Warten, alles läuft reibungslos, effizient und liebenswürdig! Und das in einem Haus mit 400 Zimmern, jedes kühl und geschmackvoll eingerichtet mit am Bauhaus orientierten Möbeln, moderner Kunst und zeitgemäßer Kommunikationstechnik. Kein Wunder, dass das Haus wiederholt zum besten Business-Hotel Deutschlands gewählt wurde!

Die große, elegante Halle ist ganz in Schwarz gehalten und trotzdem licht. In der Eckkneipe – im Eck des spitzwinkligen Hauses untergebracht – gibt's Berliner Küche und Pils vom Fass. »Harry's

Das Gebäude steht auf einem spitzwinklig zulaufenden Grundstück am Lützowufer, wo stürmischer Verkehr den Landwehrkanal entlangbraust. Man biegt rechts ein … und befindet sich in einer Oase. Die Hotelauffahrt führt geradewegs in eine überdachte Halle, wo man auf weißen Korbsesseln unter weißen Schirmen beim Espresso sitzen kann. Eine gewaltige Wand schirmt den Raum zur Straße ab. Wasser, das auf 26 Meter Länge an ihr herunterrauscht, übertönt den Verkehrslärm. Eine Installation des Künstlers Heinz Mack. Auch das Schwimmbad passt zum gradlinigen Stil des Hauses: Weiß, cool, harmonisch.

Esplanade« mit Restaurant »Harlekin«

New York Bar« im Erdgeschoss war vom ersten Tag an bei Hausgästen wie Berlinern Kult. Ab elf Uhr abends drängeln sich die Menschen um den Tresen, bunte Drinks im Glas und fetzigen Sound im Ohr. Zu dieser Stunde sollten die meisten Gäste nebenan, im eleganten Restaurant »Harlekin«, ihr Mahl langsam beendet haben, denn sonst könnte es sein, dass sie ihr Dessert im hämmernden Takt verspeisen müssen. Aber sie haben bis dahin in dem etwas unterkühlten, großen, hohen Raum einen so entspannten, vergnügten Abend genossen, dass die Musik sie hoffentlich beschwingt. Das liegt zum einen Teil am ebenso interessanten wie perfekten Menü von Marco Müller, dem jungen Küchenchef mit langem Pferdeschwanz und sanftem Blick. Er schickt Gerichte aus der offenen, einsehbaren Küche, die bildschön anzuschauen sind: Unerhört kunstvoll aus (mitunter vielleicht zu) vielen Teilen komponiert, jedes Einzelne ein Meisterwerk für sich und von köstlichem Geschmack! Zum anderen ist die heitere Stimmung Restaurantchef Lars Rutz zu danken, der seine Rolle als Gastgeber und Sommelier ebenso fröhlich wie liebenswürdig und kenntnisreich beherrscht. Jeden Gang kann er dem Gast so genau beschreiben, dass der eine Vorstellung davon bekommt, was er bestellt. Dazu empfiehlt er präzise die passenden Weine, perfekt auf die Gewürze und Aromen abgestimmt. Dabei macht es ihm sichtlich Vergnügen, wenn er zu einer Flasche raten kann, die dem Gast noch fremd ist …

Ein rundum angenehmes Grand Hotel. Das Märchen mit den beiden Baulöwen ist Wirklichkeit geworden. Nur eines hat sich nicht erfüllt: Reich hat sie die Sache nicht gemacht. Denn sie haben schnell gemerkt, dass das ideale Hotel nur dann perfekt bleibt, wenn man das, was hereinkommt, nicht herauszieht, sondern sofort wieder hineinsteckt.

Namenspatron des Restaurant »Harlekin« ist die Plastik des Künstlers Markus Lüpertz (oben). In der Küchenmannschaft von rechts: Saalchef Lars Rutz und Küchenchef Marco Müller.

Grand Hotel
Esplanade
Lützowufer 15
10785 Berlin-Tiergarten
Tel: 030/25478-0
Fax: 030/2651171
www.esplanade.de

Restaurant
Harlekin
Tel: 030/25478-858
Di–Sa 18–23

Lammrücken

Basis ist ein Sockel aus leuchtend grünem Kartoffelpüree, das Farbe und Duft Basilikum verdankt. Man hat die Blätter dafür blanchiert, gemixt und unter das Püree gemischt. Darauf sind dünne Scheiben vom Lammrücken gebettet, perfekt rosa gebraten. Die Sauce: klarer Jus und Pestokleckse. Obenauf hauchdünne, knusprig gebackene Auberginenscheiben und Kräuter sowie geschmorte Tomaten. Darüber ragen in der Schale fritierte Knoblauchzehen kühn empor. Die bewirken nicht nur einen optischen Effekt, sondern verleihen dem Gericht neben Duft und Geschmack eine interessante Konsistenz.

Charlotte vom Blumenkohl

Ein elegantes Törtchen aus sanftem, wohlgewürztem Blumenkohlparfait, umgürtet von einem hauchdünnen Gurkenstreifen und mit einem großzügigen Löffel besten Caviars gekrönt. Außerdem auf dem Teller: Dreierlei vom Kaninchen. Ein paniertes Minischnitzel, ein gebratenes Medaillon – beides aus dem Rückenfilet geschnitten – und, auf ein Rosmarinspießchen gefädelt, die Nieren. Dazwischen sind kleine Salatsträußchen gesetzt und die Blüten von wilder Möhre, Senf, Salbei und Jasmin gestreut. Ein Vorspeisenteller, der dem Auge so viel bietet wie dem Gaumen!

Schokoladenparfait

Ein geeistes Törtchen aus dreierlei Schokolade: zuunterst eine Mousse aus bitterer Schokolade, die mittlere Schicht aus Vollmilch und die oberste aus weißer Schokolade. Das Törtchen trägt einen eleganten Reif aus schwarz-weiß gestreiftem Biskuit – man muss sehr akkurat arbeiten, wenn man mit dem Spritzbeutel (feine Tülle!) die hellen und dunklen Teigstreifen nebeneinander setzt. Auch der Boden der Förmchen ist mit Biskuit ausgelegt. Dazu gibt es karamelisierte Mandelkirschen: Dafür werden die Früchte in Honigbutter angedünstet, dann mit Mandellikör und Zitronensaft abgelöscht. Frische grüne Pfeffer-körner geben ein überraschendes, exotisches Parfum.

Rund um den Lützowplatz

Die Berliner zu beeindrucken ist nicht leicht, doch das »Mensa« schaffte dies auf Anhieb. Vom ersten Tag an war das schöne, helle, großzügige Lokal ein Erfolg. Das liegt am trotz großer Glasfronten und den tausend Halogenstrahlern in der Decke heimeligen Ambiente: Der warmtönige Sandsteinboden, die riesigen Terracottavasen, die Stühle aus Kampferholz, weiße Leinenwäsche, Gläser, Silber, das edle Geschirr von KPM – all das ergibt eine mediterrane, heitere, elegante, ganz und gar nicht weihevolle Atmosphäre. Besonders einladend gleich am Eingang vor dem Tresen: die lange Tafel, lateinisch *mensa,* an deren blanker Platte jeder Platz nehmen kann, der sonst alleine essen müsste – die *table d'hôte.* Der Service: höchst effizient und angenehm, junge Leute, vorzüglich ausgebildet und mit Spaß bei ihrer Arbeit. Und es liegt an der intelligenten Küche des Markus Semmler: erstklassige Produkte, nach allen Regeln der Kunst so sorgfältig wie nur möglich zubereitet, aber mit Pep, Pfiff und ohne übertriebene Ehrfurcht. Von einem Essen, wie man es hier serviert, können Studenten in ihrer Mensa leider nur träumen. Aber: Jeden ersten Dienstag des Monats dürfen sie hier nach Vorlage ihres Ausweises zu halben Preisen essen!

Markus Semmler gehörte in Berlin bereits zu den hochgerühmten jungen, so genannten »wilden« Köchen, die angetreten waren, der Haute Cuisine das Pathos zu nehmen, und hatte sich längst eine Menge Meriten erworben, als er sich am Lützowplatz selbstständig machte. Trotzdem hatten viele ihm nicht zugetraut, dass sich hinter seinem jungenhaften Charme und seiner lässigen, direkten Art die

Carpaccio vom Ochsenschwanz

Das gekochte, gewürfelte Fleisch in einem schmalen Plastikschlauch erstarren lassen, dünn ausschneiden und auf Teller drapieren. Dazu Mousse von schwarzen Nüssen, die dafür mit Crème fraîche gemixt und mit Schlagsahne aufgelockert werden. Mit bunten Salatblättern dekorieren.

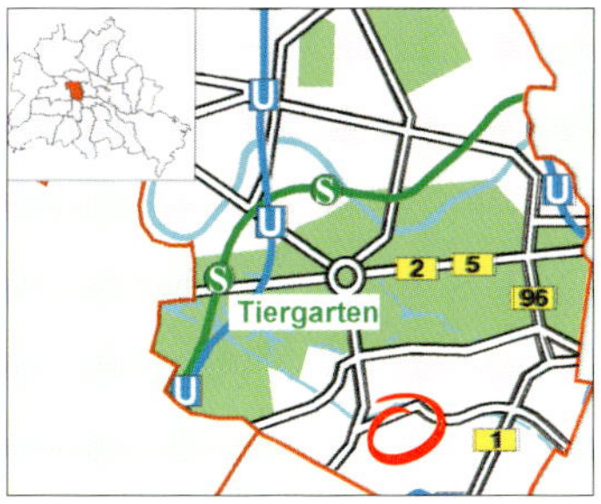

Perlhuhnbrust

Mit reichlich schwarzen Trüffeln belegt, in dünnen Brickteig gepackt, dann so perfekt gebraten, dass die Teighülle knusprig, das Fleisch jedoch saftig ist. Auf einem Bett von Kartoffel-, Zucchini- und Paprikarauten und mit einer Weißweinsauce serviert.

Wildkräutersalat mit gebackenem Hummer

Der Hummer wird wie gewohnt gekocht: Ins aufwal-

lende Salzwasser geben, nach wenigen Minuten vom Herd ziehen und darin abkühlen. Das Fleisch auslösen. In einer Vinaigrette marinieren: Dafür fein gewürfelte Schalotten in Olivenöl anschwitzen, mit Sauternes ablöschen. Mit weißem Balsamico, Traubenkern- und Sonnenblumenöl, Salz und einem Schuss Pernod aufmixen. Den marinierten Hummer mit Bröseln panieren und in Öl schwimmend knusprig ausbacken. Auf bunt gemischtem Salat anrichten.

Nuss-Flan

Eigentlich ein Törtchen: Butter und Zucker schaumig rühren, geriebene Schokolade, Briochebrösel sowie gehackte Makadamianüsse und Eischnee unterziehen. In gebutterten, gebröselten Förmchen backen. Dazu Sauce (die Früchte pürieren) und Eis von Mango: Fruchtpüree unter Grundmasse (S. 69) ziehen und gefrieren.

nötige Zielstrebigkeit verbirgt. Und als er dann kaum ein Jahr später bereits die nächste große Unternehmung schulterte (mit seinem Restaurant »Stil«, mehr darüber Seiten 139–141), nannte man ihn nur noch Hans im Glück. Sein Lächeln wirkt gequält, wenn er das hört: ohne Fleiß kein Preis …
Nicht weit vom Lützowplatz hat sich »Edd's Restaurant« etabliert. Wie gut, dass der früher in Schöneberg heimische Thailänder umgezogen ist, denn das damalige Lokal war nicht nur schwer zu finden

– sein Charme einer Fischerhütte war auch gewöhnungsbedürftig. Der jetzige Raum, der über zwei Etagen reicht, ist angenehm schlicht, nur ganz sparsam mit Thai-Insignien geschmückt und endlich der Küche ebenbürtig – der mit Abstand besten Thaiküche der Stadt! Man könnte boshaft sagen: Das ist nicht weiter schwierig, denn die anderen Thai-Restaurants bieten ohnehin nur schlichte Strandbudenkost, die simpelste und bescheidenste Form einer eigentlich genialen Küche, die mit dem virtuosen Spiel einer unendlichen Kräuter- und Gewürzvielfalt beeindrucken kann. Ein sicherer Hinweis für Sorgfalt und Anspruch der Thaiküche sind daher auch die verschiedenen Kräuter, wie Thai-Basilikum, Koriandergrün, Zitronengras, die möglichst verschwenderisch ins Essen und auf die Teller gehören – sie sind keine Dekoration, sondern entscheidender Bestandteil des Gerichts. Übrigens,

Seit »Edd's« thailändisches Restaurant in die Lützowstraße umgezogen ist, bekommt man ohne zu reservieren kaum einen Tisch. Das neue Lokal verzichtet auf jede Fischerhütten- oder Strandromantik, und die Küche ist ohne Frage die authentischste der Stadt. Vor allem, wenn man sich an die erste Seite der Karte hält, die mit »Edd's Spezialitäten«. Da gibt's etwa Salat von grüner Mango oder Bananenblüten mit getrockneten Garnelen, Masamam-Curry mit Ente, sogar Palmherzen (Rezept links unten).

Garnelen mit Palmherzen

Ein köstliches Curry, das wie die meisten Thai-Curries schnell zubereitet ist: Gehackten Ingwer, Knoblauch, Zwiebelringe in Öl anbraten, schräg in Ringe geschnittene Chilis dazu, Palmherzen in Streifen (gibt's leider nur selten im Thai-Shop). Mit Kokossahne auffüllen. Rote Thai-Currypaste einrühren, mit Fischsauce, Zucker und Zitronensaft würzen. Garnelen mit Stärke einreiben und in der Sauce ziehen lassen. Gebackene Thai-Basilikumblätter zufügen.

beim Thai sollte man es halten wie beim Chinesen: Man bestellt zwar so viele Platten, wie Gäste am Tisch sind, aber niemand bekommt ein Gericht für sich allein, sie zusammen ergeben das Menü! Noch ein Superlativ: Südöstlich vom Lützowplatz gibt es den besten Kaffee der Stadt. Das »Einstein« ist nicht nur ein Kaffeehaus, das auch in Wien eine gute Figur machen würde, mit erstklassigen Mehlspeisen, einer langen Liste von unterschiedlichsten Kaffeezubereitungen und anständiger Küche. Es ist zugleich Kaffeerösterei. In einigen Ladenfilialen in der Stadt kann man den Kaffee auch für zu Hause kaufen. Man bietet feine Arabicas aus den besten Anbaugebieten der Welt, sortenrein oder zu den verschiedensten Mischungen verarbeitet. Geröstet wird in kleinen Chargen, mit einem gasbefeuerten Röstapparat. Es versteht sich, dass man sich auch mit der Zubereitung entsprechende Mühe gibt – und, wie es sich für ein echtes Kaffeehaus gehört, auch stets ein Glas Wasser dazu serviert!

Das »Einstein« ist ein klassisches Kaffeehaus. Mit Marmortischchen und Bugholzstühlen, jeglichen Zeitungen, auch ausländischen, und vorzüglichem Kaffee, dem besten in Berlin! Der Garten hinter der gründerzeitlichen Villa, die ehemals Henny Porten gehörte, ist wunderbar.

Restaurant
Mensa
Am Lützowplatz 5
10785 Berlin-Tiergarten
Tel: 030/25 79 93 33
Fax: 030/89 09 15 70
Mo–Sa 17.30–1

Café
Einstein
Kurfurstenstraße 58
10785 Berlin-Tiergarten
Tel: 030/2 61 50 96
Fax: 030/2 61 91 76
tägl. 10–2

Thailändisches
Restaurant
Edd's
Lützowstraße 81
10785 Berlin-Tiergarten
Tel: 030/2 15 52 94
Fax: 030/23 00 57 94
Di–Fr 18–24,
Sa + So 14–24

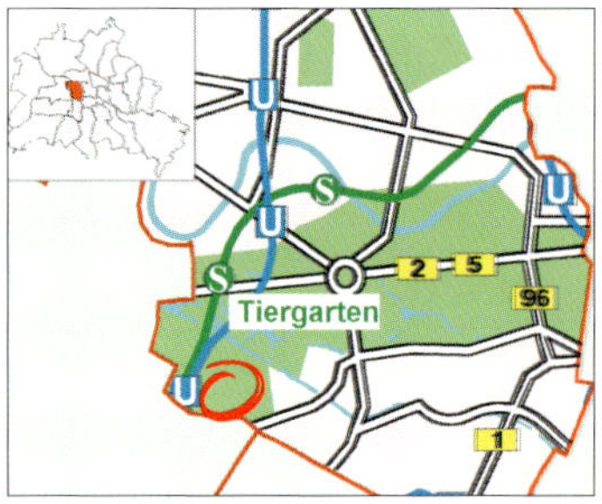

Wo die Bezirke Tiergarten und Charlottenburg aneinander stoßen, also rund um die Kaiser-Wilhelm-Gedächtniskirche, entwickelte sich nach dem Krieg und der Teilung der Stadt das neue Zentrum Westberlins. Der Bahnhof Zoologischer Garten wurde zum Hauptbahnhof für Fernzüge. Zwischen Kurfürstendamm, Bahnhof und KaDeWe entstand das Europa-Center mit Hotels, Einkaufspassagen, Kinos, Restaurants, Bistros, Cafés, Kneipen und Bars – für alle Ansprüche und jeden Geldbeutel gibt es das passende Angebot.
Unmittelbar daneben liegt, still und ruhig, der Zoo – eine nur durch die besondere Geschichte der Stadt zu erklärende Kuriosität: Früher am Ende des Tiergartens weit außerhalb, liegt er jetzt mitten im Herzen der Stadt! Die Berliner lieben ihren Zoo und seine Tiere, haben ihn vielleicht auch besonders nötig gehabt während der Zeit des Inseldaseins, denn sie konnten ja nicht einfach ins Grüne fahren wie die Bürger einer »normalen« Stadt. Jedenfalls haben sie immer am Wohlergehen ihrer Lieblinge teilgenommen und ihnen knorkige Spitznamen gegeben.
Von der durch Bomben zerstörten Gedächtniskirche, unter Kaiser Wilhelm II. zum Andenken an seinen Großvater Wilhelm I. errichtet, blieb der Turm als zum Frieden mahnende Ruine erhalten. Er wird flankiert von einem achteckigen Kirchenraum und einem sechseckigen Turm aus Beton und Glasbausteinen, entworfen von Egon Eiermann – ein auch abends, wenn das Licht durch die Glassteine strahlt, eindrucksvolles Ensemble, das längst zum Wahrzeichen Westberlins wurde.
Von den vielen Spitzenhotels dieser Westberliner Kernzone hat sich in den letzten Jahren das »Palace« im Europa-Center besonders profiliert: Es ist eines der angenehmsten Häuser der Stadt, die Zimmer und Suiten sind großzügig bemessen, klassisch-modern und sehr gediegen, mit viel Messing und in frohen Farben eingerichtet. Natürlich verfü-

Sterneküche im ersten Stock

Hinter dem chinesischen Portal eröffnet sich ein exotischer Park, der Zoo Berlin: imposante Tierhäuser, die Menschenaffen-Station, das Flusspferdhaus, in dem Berlins Maskottchen lebt, verschiedene Volieren, das gewaltige Aquarium und die historische Krokodilhalle mit tropischem Fluss – hier kann man mitten in der Großstadt eintauchen in eine eigene Welt …
Unten: Mathias Buchholz, Küchenchef des »First Floor«, tranchiert höchstpersönlich einen Feinschmeckertraum: eine rosige, in ihrem Fett gebratene Kalbsniere!

gen sie über allen Komfort – und die weitläufige Präsidenten-Suite beeindruckt nicht nur mit einem Flügel, sondern auch durch den umwerfenden Blick auf die Gedächtniskirche.
Im »Palace« gibt es mehrere Restaurants; im ersten Stock – wo sonst, wenn es schon so heißt – befindet sich das Gourmet-Restaurant »First Floor«: ein großer, pompös ausgestatteter Raum, dekoriert mit viel schwerem Silbergerät, prächtigen und auch für größere Flaschenkaliber geeigneten Karaffen, üppigen Blumenarrangements, Batterien von edlen Bränden und Weinkühlschränken an den Wänden. Und die Decke ziert ein jugendstilisierendes Glaskunstwerk. Die Tische stehen in beruhigendem Abstand – man hört zwar die anderen Gäste, aber sie sind weit genug weg. Ein Luxusrestaurant.
Der junge Küchenchef Mathias Buchholz arbeitet seit 1996 in der Küche des »First Floor«, den bereits von seinem Vorgänger vom Michelin-Himmel ge-

Kalbsniere

Den Fettmantel der Niere rundum bis auf etwa knapp 2 cm Stärke abschneiden. Die Niere mit ein paar Estragon- oder Thymianzweigen locker in Küchenpergament einschlagen. Für 35–45 Minuten in den auf 200 Grad vorgeheizten Ofen schieben. Nicht zu lange garen, sonst wird sie trocken! Dann warm stellen und 12–15 Minuten nachziehen lassen. Mit Kartoffelküchlein und jungem Gemüse servieren. Dazu einen großen Wein trinken – weiß oder rot…

holten Stern konnte er drei Jahre später in eigener Verantwortung halten. Seine Küche ist durchaus französisch geprägt, aber angenehm leicht und herrlich aromatisch; manchmal aufwendig in der Komposition, manchmal – wie bei der Kalbsniere im eigenen Fettmantel – von geradezu atemberaubender Schlichtheit und Konzentration auf das Wesentliche. Bemerkenswert die Präzision der Ausführung, sorgfältig vorbereitete und akkurat gegarte Zutaten, mit leichter Hand und Intelligenz komponiert, nicht angestrengt oder verkünstelt, sondern heiter und von spielerischer Eleganz.

Und damit genau richtig, um dem einfach umwerfenden Weinkeller, der Leidenschaft des Hoteldirektors Karl Stiehle, gerecht zu werden. Er befindet sich ebenfalls im ersten Stock und ist natürlich klimatisiert: Man kann die Schätze durch die Glaswand in Augenschein nehmen – oder, nach einem Hauptgewinn im Lotto, die 12-Liter-Flasche Montrachet für 35 000 Dollar aufziehen lassen …

Die Niere wird stets im Pergament zu Tisch gebracht, weil der Gast in den Genuss des köstlichen Duftes kommen soll, der dem Paket beim Öffnen entströmt. Außerdem macht es Spaß, zuzuschauen, wenn der Braten in ebenmäßige Scheiben geschnitten wird – eine Niere ist gerade richtig für zwei Personen. Man bestreut sich die Scheiben auf dem Teller mit grobem Meersalz aus der Bretagne.

Hotel
Palace
Budapester Straße 42,
10789 Berlin-Charlottenburg
Tel: 030/2502-0
Fax: 030/2502-1161

Links: Durch und durch saftig muss die Niere sein, gleichmäßig rosa durchgefärbt. Leider bekommt man dieses Gericht bei uns nur selten, denn der deutsche Fleischbeschauer will die Niere rundum betrachten, vollkommen aus ihrem Fett gelöst. Sein französischer Kollege begnügt sich damit, eine winzige Öffnung in den Fettmantel zu machen, denn er weiß, dass er andernfalls eine der größten Delikatessen zerstören würde. Glücklicherweise kann man – der EU sei ausdrücklich gedankt – das mit französischer Sachkenntnis behandelte Produkt nach Deutschland importieren!

Restaurant
First Floor
Tel: 030/2502-1020
Fax: 030/2502-1197
tägl. 12–14, 18–22;
Sa mittags geschl.

Die nur mit Kräutern in Pergament gehüllte Niere ist der Luxus des Puren und Absoluten, was makellose Qualität verlangt – und Meisterschaft in der Beherrschung der Garzeit. Die muss blind stimmen, denn man darf die Niere zum Überprüfen nicht anstechen – sonst würde der ganze Saft hervorquellen. Um dies zu vermeiden, muss sie nach dem Braten auch ausreichend lange ruhen.

Während Restaurantchef Uwe Lein – immer fröhlich, aufmerksam und voll orientiert – einen alten Cognac einschenkt, kümmert sich der zweite Sommelier, André Schneider, fachmännisch um die Zigarre.

Heimat in d

An den Farben der sorgfältig restaurierten Fassade des herrschaftlichen Gebäudes aus der Gründerzeit lässt sich bereits ablesen, dass man hier mehr Mut als gewöhnlich hat: der Putz strahlend weiß, ein pfiffiger Kontrast dazu die Fensterrahmen in intensivem Blau!

Und die gestreiften Markisen über dem Eingang wirken ausgesprochen fröhlich. Auf rotem Teppich schreiten die Gäste zum Portal, flankiert von stattlichen Rhododendronbüschen. Überhaupt legt man hier auf Pflanzen und Blumen großen Wert: Im Erdgeschoss befindet sich ein Blumenladen, der ausschließlich für das Haus und seine Gäste da ist.

Fremde: »Brandenburger Hof«

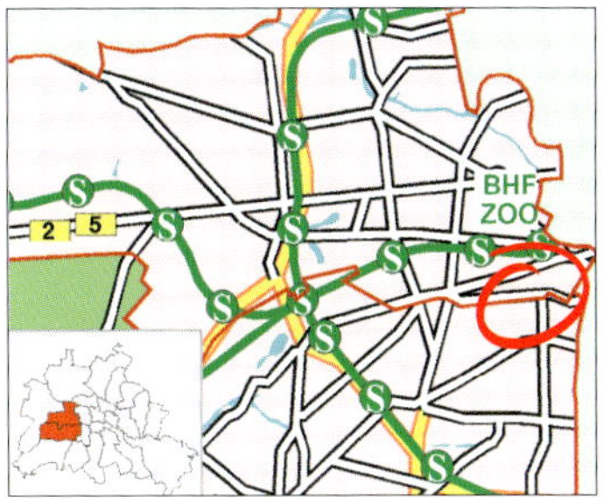

Bei der Frage nach dem bevorzugten Hotel gehen die Ansichten auseinander: Die einen lieben den zuverlässigen Komfort und die Anonymität eines luxuriösen Großhotels, mit Schwimmbad, Schuhputzautomat und der Minibar, die vom Etagenservice unabhängig macht. Andere wiederum suchen die Beschaulichkeit, den persönlichen Kontakt und vor allem den besonderen Service in einem kleineren, individuell geführten Haus – der beispielsweise den Schuhputzautomaten überflüssig macht, weil dienstbare Geister für blanke Schuhe sorgen.

Denen können wir den »Brandenburger Hof« empfehlen. Dabei ist das besonders schöne und angenehme Privathotel gar nicht mal so klein mit seinen 82 Zimmern. Es liegt in einer ruhigen Seitenstraße, keine zwei Minuten vom Kurfürstendamm und vom Tauentzien entfernt. Ein klassisches Stadtpalais aus der Gründerzeit, sorgfältig restauriert, mit viel Sinn für handwerkliche Traditionen, aber auch beherzt mit neuzeitlichen Mitteln so umgestaltet, dass man auf keinerlei modernen Komfort verzichten muss.

Man betritt das Haus und steht in einem pompösen Treppenhaus – das heute nicht mehr in dieser Größe nötig wäre, schließlich bringen Aufzüge die Gäste bis zum fünften Stock. Nach wenigen Schritten befindet man sich in der Halle und hat den Innenhof vor sich, einen erlesenen japanischen Garten, den die Seitenflügel des herrschaftlichen Bürgerhauses umschließen. Man kann ihn durch raumhohe Glastüren betreten, von allen vier Seiten, denn es führt

Der japanische Garten im Innenhof lädt zur Muße ein – wenn man nicht sein elegantes Zimmer genießen möchte. Die hohen, lichten Räume sind mit sonnigen Farben und schönen Möbeln ausgestattet, klassische Entwürfe von Le Corbusier über Eileen Gray bis zu Mackintosh.

ein Wintergarten um ihn herum. Hier ist das Wintergartenrestaurant, dahinter sind die Gesellschaftsräume mit Konferenzraum, Bibliothek und Piano-Bar sowie der Stolz des Hauses, das sterngekrönte Gourmet-Restaurant »Quadriga«. Bei einem Rundgang fallen kostbare Kunstwerke auf, Bilder, Skulpturen, Möbel von Museumsqualität. Alles käuflich, wie man diskreten Hinweisschildern entnehmen kann – sofern man über eine entsprechende Schatulle verfügt. Es sind Ausstellungsstücke eines der bedeutendsten Kunsthändler der Stadt, Seidel & Sohn. Eine kluge Zusammenarbeit, die beiden Partnern dient: Das Haus und die Halle sind mit den edelsten Antiquitäten ausgestattet, und der Kunsthändler kann sich in passender Umgebung einer interessanten Klientel präsentieren.
Die Zimmer sind von geradezu japanischer Schnörkellosigkeit und mit vom Bauhaus inspirierten Möbeln eingerichtet. Edle Hölzer, schöne Stoffe in warmen Farben, Blumen überall – regelrechte Kunstwerke einer japanischen Floristin – eine kluge Lichtregie, geschickt ausgewählte Bilder, all das ergibt eine sehr vertraute, intime Atmosphäre, in der man sich sofort zu Hause fühlt.

Der »Brandenburger Hof« ist ein recht junges Hotel, es wurde erst vor knapp zehn Jahren eröffnet. Erworben hatte die Familie Sauter aus Bayern das Palais zunächst als eine günstige Investition in der neuen Hauptstadt. Aber dann stellte sich die Frage der Nutzung. Für Daniela, die Tochter des Hauses, war es ein mutiger Sprung ins kalte Wasser, als sie

Steinbutt

Eine dicke Schnitte aus dem Filet eines stattlichen Exemplars, nach allen Regeln der Kunst poeliert, also nur ganz zart angebraten, dann immer wieder mit Fond und Bratbutter beschöpft. Dazu passt ein Ragout aus frischen Morcheln mit Spargelspitzen wunderbar. Bildschön angerichtet, zusammen mit einem gedämpften Zucchino, dessen Blüte mit einer Jakobsmuschel gefüllt ist.

sich damals entschloss, die Software-Firma zu verlassen, in der sie auf der Karriereleiter schon ziemlich weit oben stand, und noch einmal völlig neu anzufangen, diesmal als Hotelière. An eine Erfolgsstory für die knapp 30-Jährige hatte damals niemand so recht geglaubt, schon gar nicht die Kollegen in der Branche. Und heute ist die Seiteneinsteigerin Präsidentin der renommierten Hotelvereinigung Relais & Châteaux in Deutschland!

Ihr Geheimnis? Service, Service, Service! Nicht nur das Übliche besorgen, wie Theaterkarten, Restauranttische und Blumensträuße, sondern mehr Maßgeschneidertes, exclusive Shoppingtips, ungewöhnliche Ideen für einen Ausflug, den man nie vergisst, oder eine Sightseeing-Tour, die auf ganz persönliche Interessen abgestimmt ist. Für diese Aufgaben hatte Daniela Sauter eine sehr tüchtige Kraft eingestellt; bereits nach vier Monaten brauchte diese eine Assistentin! Dass die Gäste den »Brandenburger Hof« zu schätzen wissen, zeigen simple Zahlen auf beeindruckende Weise: 72 Prozent von ihnen haben das Hotel bereits mehr als zwanzigmal besucht!

Hoteldirektorin Daniela Sauter mit ihrem Küchenchef Wolfgang Nagler.

Rinderfilet

Wie ein Törtchen kunstvoll aufeinander geschichtet: ein blutig gebratenes Steak, darauf eine Scheibe Gänseleber und schließlich ein Deckel aus großzügig getrüffelter Geflügelfarce, sehr behutsam im Wasserbad gegart. Dazu Krautfleckerl: Nudelflecken, zarter Spitzkohl und gekochter Schinken, miteinander in Butter geschwenkt und mit Fond abgelöscht. Die Sauce: intensiver, duftender Jus.

Hotel
Brandenburger Hof
Eislebener Straße 14
10789 Berlin-Wilmersdorf
Tel: 030/21 40 56 50
Fax: 030/21 40 53 00
www.brandenburger-hof.com

Restaurant
Quadriga
Tel: 030/21 40 56 50
Fax: 030/21 40 53 00
Mo–Fr ab 19

Restaurant
Lahn Thai
Rankestraße 23
10789 Berlin-Wilmersdorf
Tel: 030/23 62 19 28
tägl. 12–24
Schlichte Zutaten, kein Duftreis. Dafür gibt's nach dem Essen heiße Tücher und am Tresen frisch gepressten Orangen-Mango-Saft!

Kunsthandel
Seidel & Sohn
Fasanenstraße 70
10719 Berlin-Charlottenburg
Tel: 030/8 82 16 21
Fax: 030/8 85 16 11
Mo–Fr 10–19,
Sa 10–16

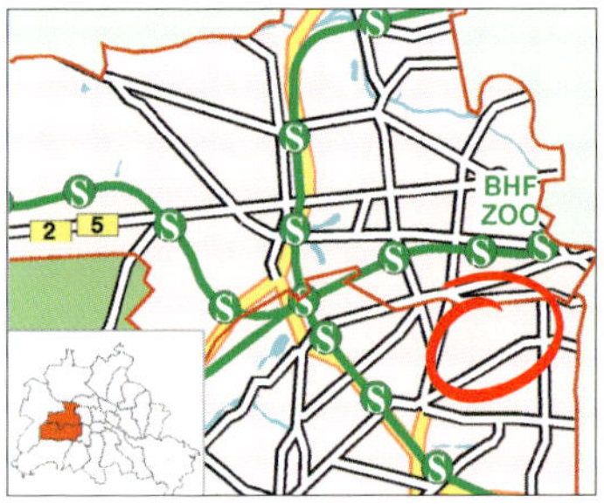

Ein kleines, feines Einkaufsparadies

Rund um den teilweise verkehrsberuhigten, lauschigen, baumbeschatteten Ludwigkirchplatz und auch in den umliegenden Straßen kann man wunderbar einkaufen: köstliche Lebensmittel von nah und fern! In der »Salumeria Via Lodovico« zum Beispiel ist Italien zu Gast – hier findet man ausgezeichnete luftgetrocknete Schinken und Würste, würzige Käse, duftende Olivenöle und eingelegte Oliven sowie all jene anderen köstlichen Kleinigkeiten, die uns Italien so lieb und wert machen. Wer dabei Hunger bekommt, kann gleich an Ort und Stelle zugreifen. Oder die Uhlandstraße ein paar Schritte weiter Richtung Hohenzollernplatz gehen, um auf der linken Straßenseite einen ganz schlichten Chinesen zu entdecken, der eine authentische Szechuanküche anbietet: chilischarf und szechuanpfefferwürzig, mit luftgetrocknetem Speck aromatisiert und nicht auf deutsche Soßigkeit getrimmt! Wochentags gibt es ein billiges Mittagsbüfett – à la carte zu speisen macht mehr Vergnügen!

Oben: »Maître Philippe« Causse reift seine französischen Rohmilchkäse mit Liebe und Könnerschaft – perfekter kann man sie nirgendwo finden!
Links: »L'Uva«, ein recht preiswerter Traiteur mit netten italienischen Spezialitäten.
Unten: Sehr günstig kann man offene Weine etc. einkaufen bei einer Filiale »Vom Fass«.

Vorspeisen auf Szechuan-Art

Sie sind mit Chili-Öl gewürzt, das man auf Vorrat herstellen und in einem Schraubglas aufbewahren kann: 1 große, gewürfelte Zwiebel, 3 gehackte Knoblauchzehen und 1 Hand voll getrocknete Chilischoten (ohne Stiele) in 150 g Sonnenblumenöl 5 Minuten rösten. Salz und 2 EL getrocknete Garnelen (Asienshop) mitköcheln. Mit dem Pürierstab kurz mixen.
Damit angerichtet sind (von links): in hauchfeine Scheiben geschnittenes, gekochtes Schweinefleisch, ebensolches Rindfleisch (oben), in Streifen geschnittene Quallen (Asienshop) und (Mitte, links) dünn gehobelte Gurken. Für die Gurken rechts: eine Marinade aus Salz, Ingwer, Knoblauch, Sesamöl.

Käse & Delikatessen
Maître Philippe
Emser Straße 42
10719 Berlin-Wilmersdorf
Tel: 030/88 68 36-10
Fax: 030/88 68 26-11
Di–Fr 11–19, Sa 10–14

Enoteca & Partyservice
L'Uva
Ludwigkirchstraße 9
10719 Berlin-Wilmersdorf
Tel: 030/8 86 81 04

Wein, Brände, Essig
Vom Fass
Uhlandstraße 46
10719 Berlin-Wilmersdorf
Tel: 030/8 82 16 74
Fax: 030/8 82 16 74

Feinkost, Wein & Partyservice
Salumeria Via Lodovico
Ludwigkirchstraße 14
10719 Berlin-Wilmersdorf
Tel: 030/8 86 04 99
Fax: 030/8 86 04 98
Mo–Fr 10–22, Sa 9–16

China-(Szechuan-) Restaurant
Tian Fu
Uhlandstraße 142
10719 Berlin-Wilmersdorf
Tel: 030/8 61 30 15
tägl. 12–15.30, 17.30–23.30

Links: Filiale von »Butter Lindner« – das Angebot der Milchprodukte und der Käse des über ganz Berlin verbreiteten Unternehmens ist von erfreulicher Qualität, aber auch Brot (das weiße und dunkle Meterbrot gibt es leider nicht überall!) und sogar die Frankfurter Würstchen sind prima!

Unten: Das Stammhaus der »Boulangerie Pâtisserie Aux Delices Normands« ist in der Berliner Straße in Zehlendorf – aber weil auch in Wilmersdorf die richtige Kundschaft wohnt, hat Didier Canet hier eine Filiale eingerichtet. Obwohl sie ein wenig abseits liegt, muss man rechtzeitig kommen, will man noch Baguettes und das ganze Angebot butterwürziger Köstlichkeiten vorfinden!

Ob spätes Frühstück, leichter Imbiss oder ein Kaffeepäuschen nach dem Einkauf: Im todschicken »Manzini« (oben) oder im gemütlichen »Weyer« (rechts) sitzt man angenehm – bei schönem Wetter draußen! –, trifft nette Leute und ist im Allgemeinen auch gut bedient. Da kann man sich leicht einmal verplaudern, in den Tag dösen oder in den Abend hineinträumen.

Dr. Maximilian Herzog (unten) ist nicht nur ein leidenschaftlicher Zigarrenraucher – er handelt auch mit diesem wieder groß in Mode gekommenen Genussmittel. Seine Klimakammer gilt als die am besten bestückte Berlins.

Und gerne zeigt er anderen afficionados, zum Beispiel den Damen des Zigarrenkränzchens »Fidels Töchter«, wie man mit den edlen Barbados, Dominicas, Costa Ricas, Sumatras oder Havannas richtig umgeht …

Oben: Samstags sollte man, wenn man es eilig hat, niemals in die »Metzgerei Obitz« gehen. Dann scheinen nämlich dort alle Leckermäuler Berlins ihren gekochten Schinken zu kaufen – zu Recht! Vielleicht kommt man aber gerade deswegen hin: um mit Gleichgesinnten gute Adressen zu tauschen!

Butter
Lindner
Ludwigkirchstraße 11
10719 Berlin-Wilmersdorf
Tel: 030/88 62 95 90

Restaurant Café
Manzini
Ludwigkirchstraße 11
10719 Berlin-Wilmersdorf
Tel: 030/88 57 82-0
Fax: 030/88 57 82-41

Boulangerie Pâtisserie
Aux Delices Normands
Pfalzburger Straße 76
10719 Berlin-Wilmersdorf
Tel: 030/88 62 70 54
Fax: 030/88 62 70 54

Fleischerei
Obitz
Ludwigkirchstraße 3
10719 Berlin-Wilmersdorf
Tel: 030/8 81 96 71

Café Restaurant
Weyers
Pariser Straße 16
10719 Berlin-Wilmersdorf
Tel: 030/8 81 93 78
tägl. 8–2

Zigarren
Herzog
Ludwigkirchplatz 1
10719 Berlin-Wilmersdorf
Tel: 030/88 68 23 40
Fax: 030/88 68 23 42
www.casa-del-habano.de

Im »Neuen Deutschland«, der täglichen Kampfschrift der DDR, konnte man eines Tages ein Photo vom Brotladen der Weichardts sehen, vor dem die Menschen Schlange standen. Bildunterschrift: »Versorgungsschwierigkeiten mit Brot in Berlin«. Die DDR gibt es nicht mehr, doch samstags drängeln sich die Menschen noch immer vor der Bäckerei in der Mehlitzstraße, obwohl man das Weichardtsche Vollkornbrot noch in rund 20 anderen Läden in Berlin kaufen kann. Wer es einmal probiert hat, mag kein anderes mehr essen!

Doch mehr als etwa 800 Brote täglich kann Bäcker Weichardt mit seinen 20 Mitarbeitern nicht produzieren. »Erst Zeit macht gutes Brot«, sagt er und fügt hinzu: »Qualität lässt sich nun mal nur begrenzt und in Handarbeit erzeugen.« Überhaupt ist seine Arbeit stark von Philosophie und Nachdenklichkeit getragen. Schon früh kamen er und seine Frau Monika mit der Ernährungslehre von Rudolf Steiner in Kontakt, als sie – mehr als ein Vierteljahrhundert ist das her – am Bodensee zusammen mit fünf Mitstreitern eine Initiative zur Drogenhilfe gründeten: die »Sieben Zwerge«, ein von der Anthroposophie geprägtes Projekt, das noch heute erfolgreich arbeitet. Ein pflegebedürftiger Vater brachte sie nach Berlin zurück. Es war der Wunsch, etwas Sinnvolles zu tun, der den Konditor zum Bäcker werden ließ. Die Anfänge waren rührend: Monika verkaufte die Brote aus einem großen Korb heraus auf der Straße, zum Beispiel vor der Anthroposophenschule, wo sie mit Recht die richtige Kundschaft vermutete. Ein langsamer, mühsamer Beginn! Heute kommen aus ganz Berlin die

Von besonderem Schrot & Korn

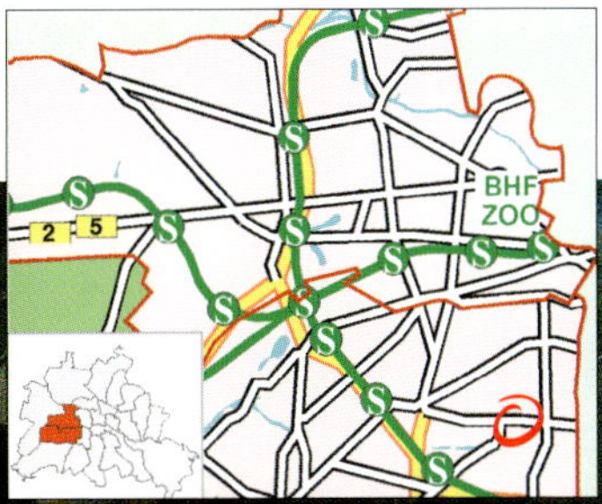

Menschen in den hübschen Laden, in dem man an einem der Stehtische auch gleich von allen Köstlichkeiten probieren kann – denn darauf legt Heinz Weichardt Wert: Alles muss schmecken! Ein Blick in die Backstube, mit Christos verhülltem Reichstag an der Wand, ist immer erlaubt. Den drei hölzernen Mühlen mit ihren schweren Mahlsteinen aus den Sextiner Dolomiten kann man durchs Schaufenster bei der Arbeit zuschauen. Und wer sich dafür interessiert, dem erzählt Weichardt mit leuchtenden Augen und nie versiegender Begeisterung, was es mit dem Mythos Brot auf sich hat.

Monika und Heinz Weichardt – der Bäcker und seine Muse. Zunächst hatte sie sich in seine Torten verliebt, denn eigentlich ist Heinz Konditor. Seine Naschereien und die selbst gemachte Schokolade sind ebenso unübertroffen wie sein Brot! Für beides stehen die Berliner geduldig Schlange.

Demeter-Vollkornbäckerei
Weichardt-Brot
Mehlitzstraße 7
10715 Berlin-Wilmersdorf
Tel: 030/8738099
Fax: 030/8611699
Mo geschlossen

Shopping unter freiem Himmel: Wochenmarkt

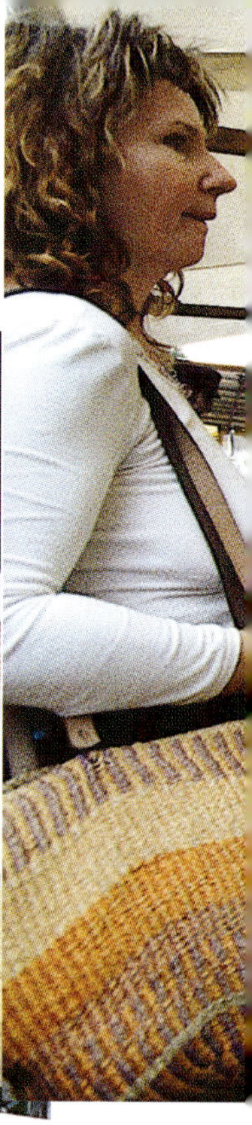

Links: Auf dem Platz vor dem Schöneberger Rathaus ist jeden Mittwoch und Samstag Markt. Heute im Mittelpunkt: Beelitzer Spargel – der zwar billig ist, aber leider nicht so streng sortiert, wie man das aus anderen Gegenden Deutschlands kennt. Bei manchen sind die Köpfe schon aufgeblüht, andere sind innen hohl oder mit Rostflecken übersät; auch sind die Stangen unterschiedlich dick, und das ist misslich, denn dann wird es schwierig, alle Spargel in der gleichen perfekten Konsistenz auf den Tisch zu bringen. Da müssen die Beelitzer Spargelbauern noch ein bisschen üben!

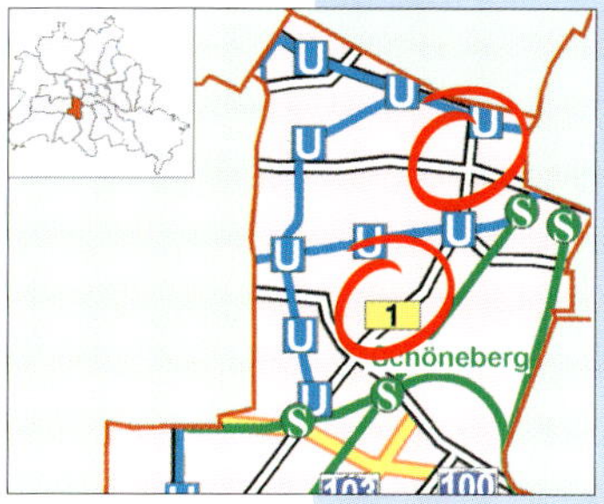

Alle Touristen lieben das mediterrane Lebensgefühl auf den Märkten des Südens! Man schaut sich um, plaudert, vergleicht, wägt kritisch ab, handelt ein bisschen, kauft schließlich das Beste zu relativ günstigem Preis und hat Spaß dabei. Auch in Deutschland war dies früher üblich, aber mit dem amerikanischen *way of life* traten die sterilen Supermärkte mit Massenprodukten an diese Stelle. Erst im letzten Jahrzehnt sind in allen Stadtteilen Berlins Märkte aus dem Boden geschossen und attraktiv geworden. Die vielen Türken in Berlin, auch die Asylbewerber, haben das ihre geleistet: In Kreuzberg gibt es Markthallen und bunte Straßenmärkte, bei denen man sich wie im Orient fühlt. Und seit dem Fall der Mauer können endlich auch wieder Bauern aus dem Umland ihre individuell produzierte Ware feilbieten. Der größte und schönste Markt ist der auf dem Winterfeldtplatz in Schöneberg. Es ist eine Lust, ein Eintauchen in das pralle Leben, dort einzukaufen!

Rund um den Winterfeldtmarkt gibt es jede Menge Kneipen und Bistros. Das beste, mit einfacher, aber guter, französisch geprägter Regionalküche ist das
Lembach
Maaßstraße 9
10777 Berlin-Schöneberg
Tel: 030/2 17 55 77 00

Wirklich guten Döner – nicht mit Hack, sondern aus Fleischscheiben – gibt's gegenüber bei
Hasir
Maaßenstraße 10
10777 Berlin-Schöneberg
Tel: 030/2 15 60 60

Winterfeldtplatz – hier findet man samstags wirklich alles: gebratene Forellen, ausgezeichnete Käse aus biologischer Produktion, preiswerte Blumen, würzige Oliven, gesunde Kopfkissen, Biogemüse und -obst aus dem Berliner Umland.

Blumen, Bio, Wein & Schokolade

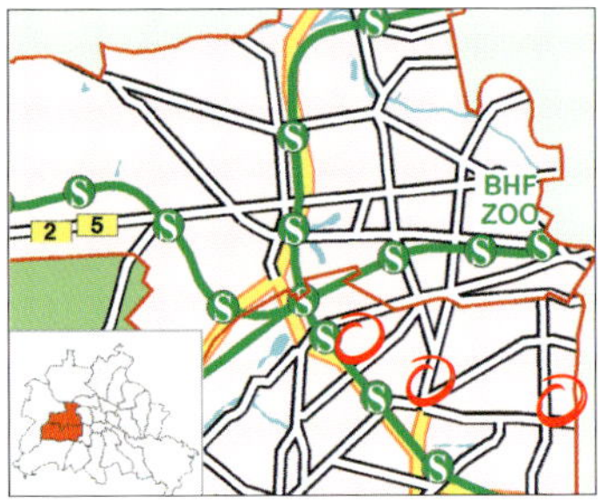

Wer sich die Mühe macht, erstklassige Produkte einzukaufen, lebt bewusster und schöner, isst besser, gesünder und mit mehr kritischem Vergnügen – eine Binsenweisheit. Für Gutes gibt man gerne mehr Geld aus, man investiert schließlich in das eigene Wohl! Leider ziehen die »Müslis«, also die Gesundheitsapostel, und die Feinschmecker noch immer nicht an einem Strang, obwohl sie doch im Grunde dasselbe Ziel haben. Schneller als anderswo in Deutschland wächst aber gerade in Berlin die Erkenntnis, dass biologisch korrekt erzeugte Lebensmittel meist besser schmecken als die konventionell produzierten. Das kann man vor allem auf den Wochenmärkten erleben, wo immer mehr ökologisch arbeitende Produzenten ihre Waren anbieten. Wer gehobene Ansprüche hat, muss längere Wege in Kauf nehmen! Der großstädtische Gourmet muss deshalb seine Einkaufsfahrten sorgfältig planen: Öffnungszeiten, Verkehrsströme und Parkmöglichkeiten müssen bedacht werden, um böse Überraschungen auszuschließen.

Ganz unten: Was einst als Reformkost nur den ideologisch durchtränkten, alternativen Naturfreund erwartete, lacht heute auch den Feinschmecker an! Im Bioladen »Konstanza« gibt es ein breites Angebot guter Lebensmittel und Naturprodukte.

Unten: Der Verkaufsraum der Schokoladenfabrik Erich Hamann ist alleine schon einen Besuch wert – das reinste Art déco! Die Schokoladen, Spezialität ist zartbitter, sind sensationell gut, die Pralinen und Trüffel auch: Handwerk wie es sein soll.

»Blumen Koch« in der Westfälischen Straße gilt als Adresse für Anspruchsvolle – hier werden die Sträuße für Operndiven bestellt! In der »Pizzicheria« gibt's guten Espresso (sonst eher selten in Berlin), Antipasti und Feinkost zum gleich Essen oder Mitnehmen.

Die »Wein & Glas Compagnie« in der Prinzregentenstraße führt erstklassige Weine aus den wichtigsten Anbaugebieten der Welt und in allen Preislagen. Man wird stets kompetent beraten und kann viele Weine probieren; außerdem werden oft spezielle Verkostungen und Seminare veranstaltet: Fachhandel, wie man ihn sich öfter wünscht! Georg Mauer, studierter Weinbauer aus dem Rheingau, hat sein Geschäft stetig aufgebaut. Mit dem Verkauf der elterlichen Weine aus dem Kofferraum hatte es begonnen, heute ist er wichtigster Lieferant der Berliner Top-Gastronomie.

Mit dem Fall der Mauer wurde der Weinmarkt dynamischer, das Publikum anspruchsvoller. Deutsche Weine spielen in Berlin eine große Rolle – in Westdeutschland harren sie noch der Entdeckung! Georg Mauer hat sich gut darauf eingestellt, vertritt Spitzenbetriebe aus allen deutschen Weinregionen.

Blumen
Koch
Westfälische Straße 38
10711 Berlin-Wilmersdorf
Tel: 030/8966 90-0
Fax: 030/8966 90-50

Ital. Imbiss & Feinkost
La Pizzicheria
Westfälische Straße 37
10711 Berlin-Wilmersdorf
Tel: 030/891 16 68
Mo–Fr 8–19, Sa 9–14

La Vinothèque du
Sommelier
Westfälische Straße 55
10711 Berlin-Wilmersdorf
Tel: 030/89 09 58 06
Fax: 030/89 09 57 07
Sehr gutes Angebot an Bordeaux und Champagne, viele Magnum-Flaschen!

Schokolade
Erich Hamann KG
Brandenburgische Str. 17
10707 Berlin-Wilmersdorf
Tel: 030/873 20 85

Naturkost und Makrobiotik
Konstanza
Konstanzer Straße 10
10707 Berlin-Wilmersdorf
Tel: 030/881 34 28

Wein & Glas Compagnie
Prinzregentenstraße 2
10717 Berlin-Wilmersdorf
Tel: 030/235 15 20
Fax: 030/23 51 52 22

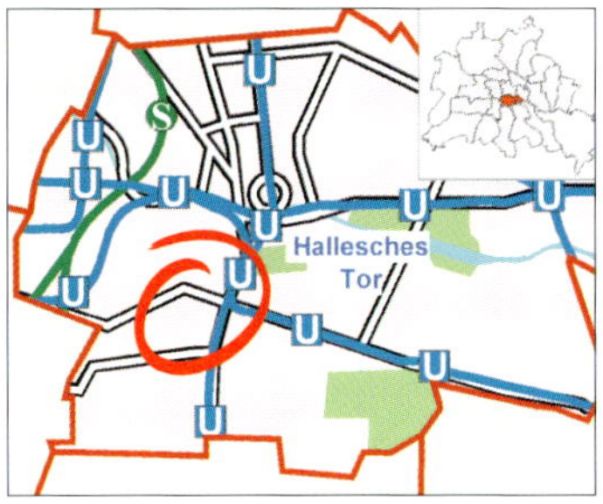

Mit Phantasie und Leidenschaft

Es ist immer eine besondere Freude, mitzuerleben, wenn einer für seine Sache brennt. Wenn zu Fleiß und Begabung, beides schon Grund zum Jubel, noch Begeisterung und Leidenschaft hinzukommen, entstehen Temperaturen, die selbst den kühlsten Skeptiker erwärmen müssen. Im Restaurant »e.t.a. hoffmann« kann man genau das erleben. Eigentlich sollte das Lokal im Erdgeschoss des kleinen »Hotels am Riemer'schen Hofgarten« anständige Küche bieten, nicht mehr, passend zu den hübschen, mit den klaren, schlichten Möbeln aus den Hellerauer Werkstätten eingerichteten,

komfortablen Zimmern. Doch seit Marie-Anne und Tim Raue das Haus übernommen haben, hat es sich zu einer der interessantesten Adressen Berlins entwickelt. Der junge Koch hatte zuvor bereits auf verschiedenen Stationen in der Stadt für Aufsehen gesorgt und die Chance, sich selbstständig machen zu können, kam für Tim Raue wie vom lieben Gott gesandt. Er braucht die Selbstständigkeit, um sich entfalten zu können, ein Arbeitgeber ist mit ihm als Angestellten überfordert, zu stark ist seine Phantasie, sein Eigensinn. Die Liebe zur Gastronomie war ihm nicht in die Wiege gelegt – kulinarischer Höhepunkt zu Hause war die Steinpilzsuppe aus der Aldi-Tüte. Er wollte Grafik-Designer oder Koch werden, beides kreative, künstlerische Tätigkeiten. Marie-Anne hatte sich kurz vor ihrem Abitur in Tim verliebt – klar, dass das ihre Berufswahl bestimmte; sie machte eine Restaurantlehre. Auf den Namen des Restaurants hatten sie keinen Einfluss, der Dichter liegt in der Nähe begraben, Bilder erinnern an ihn. Und was erwartet den Gast? Auf alle Fälle eine Überraschung! Selbst wenn die Gerichte auf der Karte vertraut klingen – sie werden völlig anders aussehen, aber sie werden garantiert schmecken. Die Welt ist groß und reich an erstklassigen Produkten, und so lange Tim Raue sie in die Finger bekommt, wird er sich an ihnen und es mit ihnen versuchen. Genuss ist immer gewiss, weil er sein Handwerk beherrscht und weil er die Traditionen der heimischen Küche weder leugnet noch vergisst.

Berliner Senfei

Eine besonders hübsche wie witzige und wohlschmeckende Variation zur klassischen, eigentlich derben Berliner Spezialität, angerichtet in der bildschönen Schale von KPM aus der Feldblumenserie: Basis ist ein sahnig-cremiges Kartoffelpüree. Darauf gebettet Rote Bete, die als Knollen gekocht, dann erst geschält und in Streifen geschnitten wurde und noch warm in eine Marinade gelegt: aus Johannisbeergelee, Himbeeressig und dem besonders duftigen *fleur de sel*, dem kostbaren Meersalz aus der Bretagne. Für die Senfsauce, die dem wachsweich gekochten Ei (ca. fünf Minuten) seinen Namen gibt, mixt Raue dreierlei Senfsorten (siehe Rezept rechts) mit Hühnerveloutté schaumig auf. Ein Löffel besten Caviars adelt das Gericht, eine Maßliebchenblüte schmückt es.

Kalbssülze

Ein Kalbsfilet wird zunächst sanft gesotten, dann in Senfkörnern gewälzt. Jeweils eine Scheibe davon wird in herzhaft gewürztes Gelee gehüllt, dem winzige Würfelchen von Möhren, Sellerie und Schalotten Biss und Farbe geben. Dazu eine zarte Sauce aus Crème fraîche, Monschauer, Bauzener sowie einem Hauch Feigensenf. Die roten Tropfen bestehen aus Rote-Bete-Saft und Hühnerfond.

Pochierte Jakobsmuscheln

Die Muscheln hat Tim Raue in geklärter Butter nur so lange ziehen lassen, bis sie eben erwärmt sind, ihr Eiweiß aber nicht vollständig abgebunden hat – sie erhalten dadurch eine umwerfend saftige Konsistenz. Es versteht sich, dass man für eine solche Garmethode, die jeden Fehler offenbart, perfekte Ware braucht. Die Jakobsmuscheln müssen nicht nur absolut frisch sein, sie sollten sich noch in ihrer Schale befinden. Das ist viel teurer und macht obendrein mehr Arbeit. Dazu gibt es Spargel, der mit in Stifte gehobelten Radieschen wie ein Salat angemacht ist. Die Vinaigrette aus weißem Balsamicoessig und Olivenöl ist würzig, aber nicht sauer.

Marie-Anne und Tim Raue. Sie kümmert sich um den Service, er ist der Küchenchef – Hotel und Weinkeller betreuen sie gemeinsam.

Restaurant
e.t.a. hoffmann
Yorckstraße 83
10965 Berlin-Kreuzberg
Tel: 030/78098800
Mo–Sa 18–24

Hotel
Riemers Hofgarten
Yorkstraße 83
10965 Berlin-Kreuzberg
Tel: 030/78098800
Fax: 030/78098808

Restaurant Bar
Centrale
Yorckstraße 82
Berlin-Kreuzberg
Tel: 030/7862989
tägl. 12–1

Italienische Trattoria mit authentischer Atmosphäre und ganz guter Küche.

Hahnenkämme

Was war das für eine interessante Meeresfrucht, fragte neulich ein Gast, nachdem er das Gericht mit Genuss verspeist hatte. Es waren tatsächlich Hahnenkämme, die ihm so gut geschmeckt hatten. In Wurzelsud knapp zwei Stunden weich gekocht, dann gehäutet und geputzt. Und schließlich in einer hellen Velouté (Samtsauce) serviert, die mit Trüffelsaft aufgemixt wurde. Mit hauchdünn gehobelten, schwarzen Trüffelscheiben und feinen Selleriestreifen angerichtet und mit Klecksen halbsteif geschlagener Sahne dekoriert.

Rhabarber

Die akkurat zugeschnittenen Rhabarberstücke wurden so behutsam in Holunderblütensirup pochiert, dass sie zwar eben weich sind, aber ihre Form behalten. Sie sind von einem Gelee umgeben. Darauf ein Cremetörtchen aus Joghurt und Sauerrahm, das nach Zitronenschale duftet und ebenfalls mit Gelatine gefestigt ist. Obenauf sitzt in einem knusprigen Schälchen aus Hippenteig ein schmelzend zartes Erdbeereis. Es ist in der Eismaschine cremig gerührt und besteht aus Erdbeerpüree und einem Schuss Sahne.

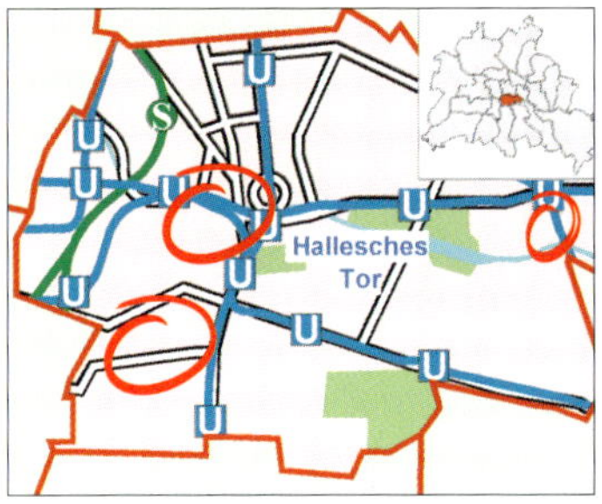

Ein Szeneviertel wandelt sich

Kreuzberg nannte man die 66 Meter messende Anhöhe mit dem Schinkelschen Kriegerdenkmal auf seinem Gipfel nach dem Kreuz auf seiner Spitze – aus dem berühmten Berliner Gusseisen übrigens, mit dem der Architekt und Baumeister Karl Friedrich Schinkel so gerne arbeitete (siehe auch Seite 174/175). Bald hieß schließlich das ganze Viertel so. Kaum zu glauben, dass es erst 1920 in das damals neu geschaffene Groß-Berlin eingemeindet wurde; bis dahin befand sich Kreuzberg noch vor den Toren der Stadt.

Während der Mauerzeit war der Bezirk in eine Randlage gerückt. Billige Mieten in den hinterhofreichen Blöcken der Gründerzeit mit ihren einfachen Wohnungen lockten Studenten an, später die in immer größerer Zahl zuziehenden Gastarbeiter; Anarchisten, Autonome und Künstler kamen hinzu. Zusammen mit den alteingesessenen, meist proletarischen Einwohnern ergab das eine ziemlich bunte, oft schräge Mischung, ein multikultureller Kiez, in dem die Gegensätze der Bewohner durchaus auch explosiv wirken konnten.

Erst nach dem Fall der Mauer wurde auf einmal klar, wie zentral das Viertel gelegen ist. Zum eleganten Gendarmenmarkt mit seinen Einkaufsmöglichkeiten und Büros sind es keine fünf Minuten. Plötzlich war die Lage begehrt, immer mehr der heruntergewirtschafteten Häuser mit ihren Ateliers unterm Dach wurden aufs Feinste saniert. Statt der Künstler und Studenten zieht nunmehr ein völlig neues Publikum ein, das die teuren Mieten bezahlen kann. Überall eröffnen schicke Kneipen, Cafés und Szeneläden der zeitgeistigen Art. Die so genannten »Treptowers« am Spreeufer in Höhe der Elsenbrücke stehen als Landmarke für diese Veränderung. Davor tanzen über der Spree die drei durchlöcherten, 30 Meter hohen Eisenmänner des amerikanischen Künstlers Jonathan Borofsky. Sie symbolisieren die drei hier zusammentreffenden Bezirke Kreuzberg, Friedrichshain und Treptow.

Der Park mit dem sprudelnden Wasserfall ist Kreuzbergs grünes Herz. An seiner Ostflanke baut man auf dem Gelände der Bezirksgärtnerei wieder ein paar Reben an, in Erinnerung daran, dass der Kreuzberg im 18. Jahrhundert tatsächlich als Weinberg genutzt wurde. Kreuzbergidylle: das weidenbeschattete Ufer längs der Lohmühleninsel und handzahme Riesenhunde als Straßengucker.

Die »Osteria No. 1«, vor mehr als einem Vierteljahrhundert von italienischen Anarchisten gegründet, ist eine Institution in der linken Szene. Das Lokal: eine schlichte Trattoria, wie man sie ebenso gut in Rom finden kann. Im Sommer sitzt man auf einer idyllischen Gartenterrasse: Korbstühle unter weißen Schirmen, Tellerklappern, Gemurmel, Vogelzwitschern und plätscherndes Wasser im aus Resten selbstgebauten Marmorbrunnen. Sehr anständiges Essen, gute Pasta, fabelhafte eingelegte Gemüse (aus ökologischem Anbau) – alles frisch und mit Pfiff gekocht. Im gemütlichen »Großbeerenkeller« geht es eher deftig zu: Berliner Küche, handfest und reell.

Von der Elsenbrücke der Blick zur Oberbaumbrücke, die aussieht wie aus einem alten Kinderbaukasten zusammengesetzt. Links »Molecule Men«, die drei durchlöcherten Eisenmänner vor den »Treptowers«.

Trattoria
Osteria No. 1
Kreuzbergstraße 71
10965 Berlin-Kreuzberg
Tel: 030/7869162
Fax: 030/7866684
tägl. 12–1
Garten ab 20 Grad
im Schatten geöffnet

Hotelpension-Restaurant
Großbeerenkeller
Großbeerenstraße 90
10963 Berlin-Kreuzberg
Tel: 030/2513064
Fax: 030/7423930
tägl. ab 18

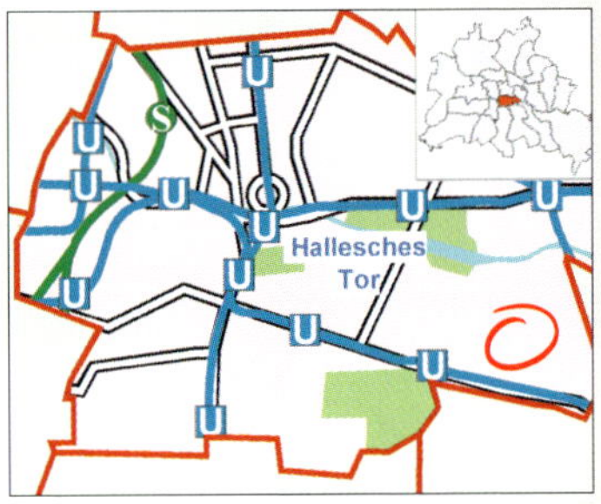

Wenn auf die Frage nach dem Lieblingslokal öfter derselbe Name fällt, macht das neugierig. Das »Cochon bourgeois« wurde uns immer erst auf intensives Nachfragen und Bohren und selbst dann nur zögerlich verraten. Es ist eine der Adressen, die man nur ungern preisgibt, weil man fürchtet, sonst nie mehr einen Platz dort zu finden …

Natürlich geht hier ohne Reservierung nichts, wie überall, wo man gut isst. Aber während man sonst die Hoffnung haben kann, dass wenigstens die früh gekommenen Gäste im Laufe des Abends ihren Tisch räumen, erlebt man das im »Cochon bourgeois« nur selten. Hier bleibt man sitzen, auch wenn die Teller längst abgeräumt sind. Es ist nämlich nicht nur die wunderbare, kraftvolle Hausfrauenküche mit den alten Klassikern der französischen Provinzen, deretwegen die Gäste kommen. Auch nicht das urgemütliche Ambiente, die kleinen Räume, die so einladend wirken, mit ihren einfachen Bistrostühlen, den blanken Holztischen, den steif gestärkten Servietten und mildem Kerzenlicht. Es ist die Stimmung, die hier herrscht: Da wird getafelt, fröhlich gezecht, gelacht, geschwatzt und musiziert! Jeden Abend, schon ab acht Uhr, spielt der Mann am Klavier. Zuerst Sanftes, vielleicht Chopin, ein paar Etuden, oder auch perlende Kaffeehausmusik. Später greift er immer härter in die Tasten, eine Freundin singt womöglich Lieder der Piaf. Und noch später, nach ihrem Auftritt etwa in der Philharmonie, stoßen befreundete Musiker hinzu, und es werden weitere Instrumente ausgepackt. Dann nimmt Dominique, der Hausherr, sein Akkordeon zur Brust. Und manchmal schleppt sogar die Harfe spielende Freundin ihr wenig handliches Instrument herbei.

Es ist schon eine ganz außerordentlich gelungene Mischung, die der Franzose Dominique Marneau und sein deutscher Partner Hannes Behrmann bieten, die die Gäste auch unverzüglich in ihren Bann zieht. Gastronomisch hoch professionell – Marneau war vorher bei Raneburger im »Bamberger Reiter«, Behrmann zuletzt der private Küchenchef des amerikanischen Botschafters – und obendrein mit Herz, Humor und Vergnügen an der Sache. Dadurch entsteht eine leichte, beschwingte Atmosphäre, wie man sie aus dem Urlaub kennt. Man hat die Illusion, irgendwo in Frankreich in einem gemütlichen Bistro zu sitzen, ganz weit weg … Wenn auch nur einen Abend lang!

Das grinsende Bürgerschwein ziert als Namenspatron die Speisekarte. Natürlich wird dem Gast sofort knuspriges Baguette auf den Tisch gestellt und gesalzene französische Butter. Damit kann man schon mal den ärgsten Hunger besänftigen. Aber Achtung: Nicht zu viel davon gleich am Anfang essen – die Portionen sind stattlich und handfest!

Wachtel

Eine kleine, feine Vorspeise: Schenkel und Brust einer rösch gebratenen, herrlich saftigen Wachtel. Angerichtet auf einem Salat aus grünem Spargel, gekocht, schräg in Scheibchen geschnitten und mit Tomatenwürfeln vermischt. Eine aufgeschäumte, lauwarme Weißweinvinaigrette und Kleckse von konzentriertem Bratenjus setzen die Akzente.

Jambon persillé

Ein Klassiker der Burgunder Küche – klein gewürfelter, gekochter Schinken mit Bergen fein gehackter Petersilie und winzigen Möhrenwürfelchen in einem würzigen Gelee. Man kann diese Sülze in einer Kastenform erstarren lassen und dann in Scheiben schneiden. Hübsch ist sie in kleinen Portionsförmchen. In Burgund nimmt man gern eine halbrunde Schüssel, sodass die Gallertspeise als perfekte Halbkugel auf den Tisch gelangt. Hier ist die Scheibe auf einem Sockel von Tomatenscheiben angerichtet, von bunten Salatblättern umkränzt und mit marinierten Zwiebelringen bedeckt.

Bœuf Bourguignon

Das ist die Küche nach Art der *bonne femme*, nach der man sich sehnt, weil man sie in Restaurants nur selten findet: Große Würfel von sanft geschmortem Rindfleisch, mürbe, trotzdem saftig, und vollgesogen mit den Aromen der Kräuter, Zwiebeln und des Weins, in einer dichten, würzigen Sauce. Dazu geröstete Küchlein aus Kartoffelteig. Zugeständnis an eine etwas feinere Restaurantküche sind die separat gedünsteten, noch knackigen Gemüse: Sellerie- und Möhrenstreifen, stricknadelfeine Prinzessböhnchen, köstliche, zarte grüne Bohnenkerne und obenauf knusprig gebratene Speckstreifen.

Restaurant
Le Cochon bourgeois
Fichtestraße 24
10967 Berlin-Kreuzberg
Tel: 030/6930101
Fax: 030/6943480
Di–Sa ab 18

Besonders hübsch sitzt man bei schönem Wetter auf der entzückenden Straßenterrasse vor dem Haus.

Eisparfait

Man schlägt Eigelb mit Zucker heiß, würzt mit Weißwein, in dem man Waldmeister hat ziehen lassen (welkes Kraut würzt besser als frisches!), und hebt steif geschlagene Sahne unter die abgekühlte Creme. In Förmchen gefrieren. Mit Erdbeersauce, Früchten und mit Krokant bestreut servieren.

Maître Dominique Marneau und Küchenchef Hannes Behrmann.

Terror, Mauer, Kalter Krieg

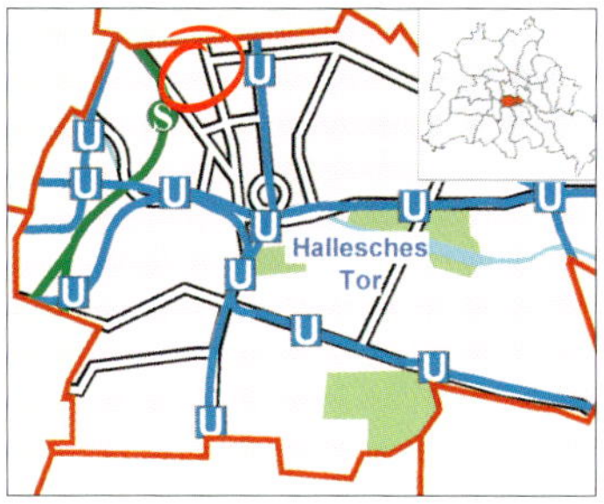

Zwischen 1961 und 1990 – der Zeit, in der die Mauer die Stadt Berlin teilte – war der Checkpoint Charlie als Sektorenübergang für Diplomaten, Alliierte und Ausländer einer der bekanntesten Schauplätze des Kalten Krieges. Immer wieder konzentrierte sich das Interesse der Weltöffentlichkeit auf diesen Ort mit dem so nett und harmlos klingenden Namen: Hier verblutete Peter Fechter nach seinem missglückten Fluchtversuch, erschossen Volksarmisten sich absetzende Kameraden, durchbrach ein Lastwagen den Kontrollposten. Im Mauermuseum und an den Mauerresten an der Niederkirchnerstraße kann man sich diese furchtbare Vergangenheit ins Gedächtnis rufen. Daneben steht – so nutzt das Business die Publicity der Lokalität – das American Business Center.

Die Kochstraße, jahrzehntelang dominiert vom Hochhaus des Springer-Verlags, gewinnt ihre alte Geschäftigkeit zurück. Hier sitzt auch die Redaktion der alternativen Tageszeitung »taz«; im Erdgeschoss des Hauses ein Restaurant mit Bar, »Sale e Tabacchi«

ZUCCHINIBLÜTEN

Die hauchzarten Blüten sind mit einer Creme aus Ricotta (eine Art italienischer Quark), gefüllt, die mit Basilikum und geriebenem Parmesan gewürzt ist. Über Dampf gegart bleibt ihre Farbe schön erhalten. Angerichtet sind die Blüten auf frischen Tomaten, die mit Zwiebel, Knoblauch und Olivenöl kurz gedünstet wurden.

Schauplätze des Schreckens

Am Checkpoint Charlie noch eines der früher längs der Mauer (unten) allgegenwärtigen Warnschilder in der geteilten Stadt.

Bar Ristorante
Sale e Tabacchi
im Rudi-Dutschke-Haus
Kochstraße 18
10969 Berlin-Kreuzberg
Tel: 030/2521155
Fax: 030/25295004
tägl. ab 9,
Sa + So. ab 10

Der Martin-Gropius-Bau (unten), vor 120 Jahren als Kunstgewerbemuseum errichtet, heute prächtiger Rahmen für unterschiedliche Ausstellungen.

Die Ausstellung »Topographie des Terrors« wurde anlässlich der 750-Jahr-Feier Berlins auf dem Prinz-Albrecht-Gelände an der Wilhelmstraße eingerichtet. Hier befanden sich die Überwachungsinstitutionen und Verfolgungsapparate des NS-Regimes: Gestapo, SS-Führung, Staatssicherheitsdienst und Reichssicherheitshauptamt. Die Gebäude wurden nach Kriegsende planiert; 1987 legte man die Kellergeschosse wieder frei – als mahnendes Zeugnis der schrecklichen Vergangenheit.

genannt – wie die italienischen Läden, in denen die staatlichen Monopolgüter Salz und Tabak verkauft werden. In der Bar gibt es ausgezeichneten Espresso, im Restaurant mit hübsch gestaltetem, fröhlichem Hinterhof eine einfache, aber gut gekochte *cucina casalinga* (Hausfrauenküche). Interessante Weinkarte mit attraktiven Preisen!

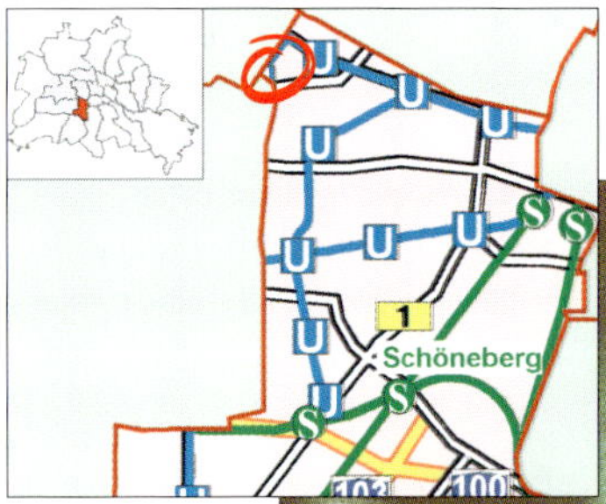

Das Kaufhaus des Westen

und dessen kulinarisches Schaufenster

Kaufhaus
KaDeWe
Tauentzienstraße 21–24
10789 Berlin-Schöneberg
Tel: 030/2121-0

Doppeldeutig ist die Bezeichnung »KaDeWe«: Als das »Kaufhaus des Westens« 1907 eröffnete, eroberte es sich das wohlhabende Bürgertum der westlichen Vororte Berlins. Nach der Teilung der Stadt wurde es jedoch zum Symbol der freien westlichen Welt, stolzer Beweis der Überlegenheit der Markt- über die Planwirtschaft, das Schaufenster des Westens. Zu Zeiten des Eisernen Vorhangs kauften hier nicht nur die Westberliner, sondern auch die Botschafter und Diplomaten der Ostblockländer. So ist das KaDeWe weit mehr als nur simpler Tempel des Konsums – es gehört zur Westberliner Identität, verkörpert das Lebensgefühl einer weltoffenen Gesellschaft.

Nach mehrjährigen Umbauten ist das KaDeWe heute nicht nur das größte, sondern auch eines der schönsten Kaufhäuser Europas. Und die Lebensmittelabteilung sucht ihresgleichen: Hier ist versammelt, was man in Berlin sonst nirgendwo oder nur mit Schwierigkeiten findet – die kulinarische Welt auf einer Etage! Luxusgüter und Alltagsartikel, seltene Delikatessen und köstliche Spezialitäten, das Beste aus aller Herren Länder und Meere ...

Jahrelang hatte Siegfried Rockendorf in Waidmannslust – buchstäblich jwd, nämlich janz weit draußen – die Fahne der großen Küche hoch gehalten. Als einer der wenigen in Berlin, nachdem der geniale Franzose Henry Levy bereits in den achtziger Jahren am mangelnden Verständnis der Berliner Gourmets verzweifelt war. Jetzt ist Rockendorf neben das KaDeWe gezogen und versucht sein Glück aufs Neue:

Rockendorf's
Restaurant
Passauer Straße 5–7
10789 Berlin-Schöneberg
Tel: 030/21992170
tägl. 12–14, 18–22,
Bar: 12–22

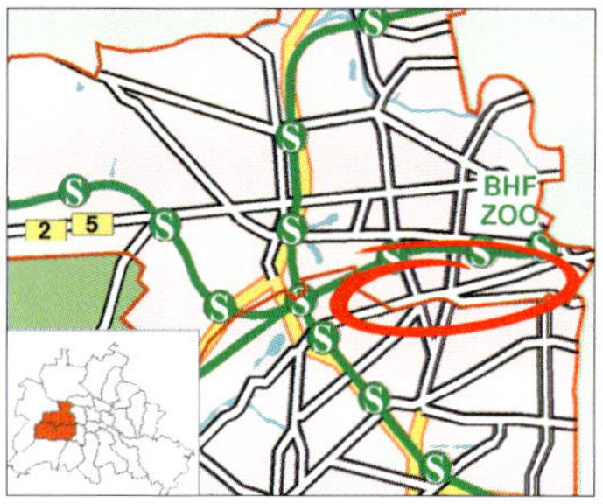

Kurfürstendamm

Erst gegen Ende des 19. Jahrhunderts wurde der ehemalige Reitweg zur Prachtstraße ausgebaut, richtete sich hier das reiche Großbürgertum hinter prunkvoll dekorierten Fassaden in vielräumigen Wohnungen ein: Der Kurfürstendamm mit seinen Seitenstraßen wurde zur ersten Adresse Berlins. In den »Goldenen Zwanziger Jahren« kamen die Schriftsteller und Künstler. Nach dem Krieg entwickelte sich der Ku'damm, wie die praktischen Berliner abkürzten, zur Schlagader des Westens – mit Hotels, Cafés und Restaurants, Kinos und Kaufhäusern. Hier pulsierte das Leben rund um die Uhr! Und dann machte er dieselben Wandlungen durch, die so viele noble Einkaufsstraßen in aller Welt während der letzten Jahrzehnte über sich ergehen lassen mussten: Die Touristen kamen, und die eleganten Geschäfte wurden durch schnellen Gewinn versprechende Billigläden verdrängt, Andenken- und Ramschgeschäfte, Imbissketten und Fast-Food-Restaurants machten sich breit. Nach dem Fall der Mauer zogen viele Nobeldesigner nach Mitte. In den letzten Jahren hat sich die Entwicklung wieder umgekehrt, immer mehr internationale Modemacher kehren zurück, Juweliere und Boutiquen richten sich in großzügig gestalteten Läden ein. Der Ku'damm ist heute ein Mix aus elegantem Einkaufsboulevard und großstädtischem Lebensraum – für die gesamte Bevölkerung wie für die Touristen!

In der Bleibtreustraße das gleichnamige Hotel, ganz nah am Kurfürstendamm: modern und geschmackvoll eingerichtete, nicht sehr große, aber funktionale Zimmer (ohne Klimaanlage), teils zur Straße hinaus, teils auf den hübschen Innenhof. Das Restaurant »31« bietet gute Bistroküche.

Am Ku'damm gibt's was für jeden Geschmack, jeden Geldbeutel und jeden Anspruch, sich zu präsentieren: Das »Gosch« signalisiert die Liebe der Westberliner Gesellschaft zur Insel Sylt (die selbst Mallorca aussticht) und bietet die typischen Fisch- und Hummergerichte.

Boulevard der Eitelkeiten

Am 4. September 1949 erfand Herta Heuwer eine Berliner Spezialität: die Curry-Wurst. Am »Ku'damm 195« treffen Wurst-Freaks mit Dom Perignon im Glas auf die gewöhnlichen Hungrigen (ganz rechts). Im Weingeschäft von »Nicolas« (rechts) in der Uhlandstraße findet man auch eher seltene Kreszenzen aus Frankreich.

Frittura

di pesce – kleine Fischchen, nur in wenig Brösel geschüttelt und in gutem Öl kross frittiert: einfache, aber genussreiche Vorspeise, weil die Grundzutaten stimmen. Sitzt man mit einem Glas Wein draußen im »Ciao Ciao«, scheint Italien am Ku'damm zu beginnen ...

Das »Ciao Ciao« neben der Schaubühne ist eine Westberliner Institution, wo Baulöwen gerne feiern, mit großformatigen Edelflaschen! Und wenn sich die Dame im Versacekleid mit der im blassgrünen Jil-Sander-Anzug trifft, übertönt das Parfum den Duft der Fischgerichte ... Rechts das trendige In-Café »Wellenstein«.

Weine und Spirituosen
Nicolas
Uhlandstraße 170
10719 Berlin-Charlottenburg
Tel: 030/88682451
Fax: 030/88682452

Ristorante
Ciao Ciao
Kurfürstendamm 156
10709 Berlin-Charlottenburg
Tel: 030/8923612
Fax: 030/8916569

Hotel
Bleibtreu
Bleibtreustraße 31
10707 Berlin-Charlottenburg
Tel: 030/88474-101
Fax: 030/88474-443
www.bleibtreu.com

Bistro Restaurant
Gosch
Kurfürstendamm 212
10707 Berlin-Charlottenburg
Tel: 030/88682800
Mo-Sa 11–24

Café
Wellenstein
Kurfürstendamm 190
10707 Berlin-Charlottenburg
Tel: 030/8817850
tägl. 9–3 (Küche bis 16)

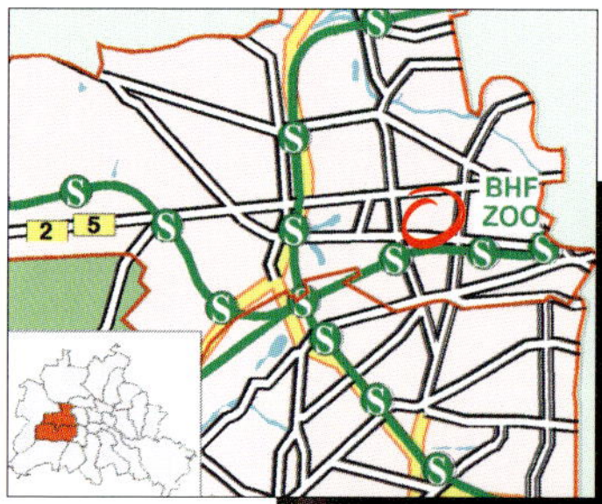

Savigny-Platz: Einkaufen und Ausgehe

Anmutig die Präsentation der Antiquitäten bei Norbert Hüsken in der Mommsenstraße: schöne alte Tischwäsche, Geschirr und Silber. Neue Einrichtungsgegenstände, exquisite Stoffe und witziges Geschirr aus aller Welt gibt es bei »Seidlein & Seidlein« gleich ums Eck. Überall Mode – von weltbekannten Designer-Marken bis zu kleinen Ateliers ist alles vertreten!

Die reich gefältelten Kreationen von Nana Kuckuck, die sich mit zwei Kolleginnen ein Atelier teilt, bestechen durch raffinierten Schnitt und garantieren hohe Aufmerksamkeit! Wer zwischendurch Hunger verspürt, braucht sich nicht zu sorgen: Türkische Vorspeisen beschweren den Magen kaum, sodass man frisch gestärkt den Bummel fortsetzen kann ...

Rund um den Savigny-Platz verdichtet sich die Szene, gibt es jede Menge Cafés und Kneipen, Bars und Restaurants. Hier treffen sich seit den fünfziger Jahren Literaten und Poeten, Kritiker und Rezensenten, Theater-, Film- und Fernsehleute. Inzwischen haben die 68er Karriere gemacht und leben hier in gesettelten Verhältnissen. Die teils durch persönlichen Erfolg, teils durch elterliches Erbe gut ausgestattete Jugend liebt die Gegend ebenfalls: Hier gibt man gerne Geld aus für flippige Klamotten, die angesagten Accessoires, die Dinge, mit denen sich die einsame Großstadtseele sehnsuchtsvoll stylt ... Man sucht alte und findet jede Menge neue Antiquitäten, schicke Schuhe, das kleine Schwarze. Man frühstückt spät, aber gepflegt. Legt Wert auf gutes, nicht zu kalorienreiches und nicht zu teures Essen im entsprechenden Ambiente – mal darf es üppiger Plüsch, mal muss es cooles Design sein. Man ist etwas narzisstisch und doch sehr tolerant. Nicht unbedingt fröhlich, nicht richtig mürrisch, nie ganz begeistert, eigentlich sehr busy, manchmal fast gut drauf: das typische Berliner Lebensgefühl, wie es Alfred Kerr schon vor 100 Jahren beschrieben hat.

Antiquitäten
Norbert Hüsken
Mommsenstraße 5
10629 Berlin-Charlottenburg
Tel: 030/88628484
Fax: 030/88628484

Einrichtungen
Seidlein & Seidlein
Bleibtreustraße 39
10623 Berlin-Charlottenburg
Tel: 030/3124480
Fax: 030/3123976

Mode
Fiebelkorn, Kuckuck & Langbein
Bleibtreustraße 4
10623 Berlin-Charlottenburg
Tel: 030/3123373
Fax: 030/3123373

Café
Savigny
Grolmanstraße 53/54
10623 Berlin-Charlottenburg
Tel: 030/3128195
tägl. 9–1

Turkish Finger Food
Hayyam
Bleibtreustraße 47
10623 Berlin-Charlottenburg
Tel: 030/88681558
Fax: 030/88681558
Sommer ab 12,
Winter 17–24

Türkisches Restaurant
Istanbul
Knesebeckstraße 77
10623 Berlin-Charlottenburg
Tel: 030/8832777
tägl. 12–24

Vorspeisen

auf türkische Art – mit Vergnügen zu essen, machen satt, ohne zu belasten. Die Pfefferoni regen mit milder Schärfe den Appetit an, dazu gibt's Weißbrot und Ayran, einen säuerlichen Joghurt-Drink (ein Glas Wein oder Bier). Im Uhrzeigersinn: Schafskäse, Gemüsesalat mit Joghurt, Aubergine mit Tomate, Kichererbsenpüree, braune Bohnen, Thunfisch mit Frühlingszwiebel, gefülltes Weinblatt mit Reis und Zimt, weiße Bohnen und in der Mitte Auberginenpüree.

Links: »Hecker's Hotel«, frisch modernisiert, bietet gute Leistung zu vernünftigem Preis. Nähe Ku'damm, dennoch ruhig: Kleinere Zimmer mit Klimaanlage blicken auf einen grünen Hof, die größeren gehen zur nachts wenig belebten Straße.

Unten: Seit 32 Jahren sammelt Eberhard Päller ausgefallene Naschereien aus der ganzen Welt – inzwischen führt seine »Confiserie Mélanie« über 4000 Artikel: Veilchen-Pastillen oder Bergamotten aus Nancy, Kräuterlikör mit Trüffel aus Pienza, Honig vom Erdbeerbaum (Corbezzolo), Bärlauchpaste oder Quittensenf – alles von kleinen, handwerklich arbeitenden Betrieben. Stolz preist er, immer einen Scherz auf den Lippen, seine eigenen Kreationen – etwa Trüffel mit Kardamom oder Koriander, Sellerie oder Lavendel, sogar Curry, Spargel oder Knoblauch! Man muss sie einfach mal probiert haben!

Oben: Ehemals war es Tankstelle (Shell), heute ist es Treff für Erfolgreiche und solche, die es sein wollen: Das »Schell« in der Knesebeckstraße. Rund um die Uhr geöffnet – wer weiß schon so genau, wann es Zeit ist für Frühstück, Lunch oder Mitternachtsimbiss? Prima Bistroküche mit mediterranem Einschlag – angenehm, wenn man dem Essen nicht die ganze Aufmerksamkeit schenken will, sondern das Gespräch mit Freunden gerade wichtiger ist. Man trifft sich!

Die griechische Taverne »Cassambalis« in »Hecker's Hotel« bietet jeden Mittag (außer Sonntag) ein enormes Büfett mit Vorspeisen, warmen Hauptgerichten und Desserts. Für 20 Mark kann man sich aufs Köstlichste sättigen! Da gibt es herrliche Oliven, eingelegte Zwiebeln, Knoblauch und Artischocken, weiße Bohnen, Champignons, gefüllte Paprika sowie gegrillte, gebackene und geschmorte Gemüse. Hähnchen in Zitronensauce, Lammbraten, Ofenkartoffeln ... Konstantin Cassambalis, seit 27 Jahren in Berlin, ist passionierter Sammler: an den Wänden Bilder von Berliner Künstlern. Abends gibt es mediterrane Gerichte à la carte, zu denen man die griechischen Weine probieren sollte. Schöne Bar mit guten Drinks und Espresso!

Confiserie
Mélanie
Goethestraße 4
10623 Berlin-Charlottenburg
Tel: 030/3 13 83 30
Fax: 030/3 13 83 30
Do geschl.

Restaurant
Schell
Knesebeckstraße 22
10623 Berlin-Charlottenburg
Tel: 030/3 12 83 10
tägl. 0–24

Hecker's Hotel
Grolmanstraße 35
10623 Berlin-Charlottenburg
Tel: 030/88 90-0
Fax: 030/88 90-260
www.heckers-hotel.com

Taverna
Cassambalis
Grolmanstraße 35
10623 Berlin-Charlottenburg
Tel: 030/8 85 47 47
Fax: 030/8 85 49 71
tägl. 12–24

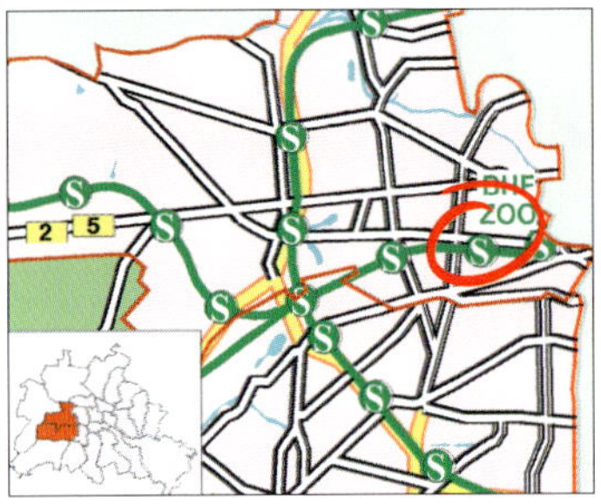

Häppchen aus Spanien und Fernost

Die Zeit der großen Braten ist vorbei, sagte sich Hubertus Kleinfercher. Was die Menschen wirklich wollen, sind hübsche Kleinigkeiten. Der gestandene Restaurantchef, der in den allerersten Häusern der Topgastronomie von Witzigmann bis Winkler gearbeitet hatte, hielt Ausschau nach einem Konzept für seine Selbstständigkeit. Seine Frau Marianne hatte er in der Arena von Hans-Peter Wodarz' Restaurantzirkus »Panem et circenses« kennen und lieben gelernt, und so stellte er über den eigenen Laden ebenfalls ein lateinisches Motto: »Carpe diem«, nutze den Tag! Das gemütliche Lokal in den beiden S-Bahn-Bögen war sofort ein Erfolg. Es gibt Tapas, wie man in Spanien kleine Happen zum Wein nennt. Auf handtellergroßen Schälchen werden würzige, pikante, phantasievolle Leckerbissen aufgetischt: von eingelegten Oliven oder erstklassigem, hauchdünn geschnittenem spanischen Schinken über eine Vielzahl von Salaten, marinierten Gemüsen bis zu kleinen Gerichten nach mediterranen Rezepten. Dazu eine unglaubliche Weinauswahl. Hauptaugenmerk liegt auf Spanien, vom schlichten Tinto, den man glasweise in der Karaffe ser-

Nie fehlen die prachtvollen Rosenbouquets in den beiden Räumen des gemütlichen »Carpe diem«. Darauf legt die Chefin, Marianne Kleinfercher, größten Wert. Sie werden abends in feuchtes Zeitungspapier gehüllt und kühl gestellt, damit sie schön frisch bleiben. Herzensanliegen von Ehemann und Hausherr Hubertus, genannt Hubsi, ist der Weinkeller. Der birgt Schätze, für die sich auch eine weite Anfahrt lohnt!

viert bekommt, bis zu ersten Gewächsen aus dem Rioja- oder Navarragebiet, vorbildlich dekantiert und in entsprechend aufwendigen Gläsern. Aber auch Burgunder, Champagner und Bordeaux zu selten günstigen Preisen können selbst anspruchsvolle Weinfreaks locken.

Zwei S-Bahn-Bögen weiter *die* Adresse für Sushi-Fans, die sonst in Berlin kaum verwöhnt werden. Zwar gibt es an fast jeder Ecke eine Sushi-Bar, aber merkwürdigerweise sind die japanischen Edelhappen hier fast nur in Imbissbudenqualität zu finden. Bei »Sachiko« ist der Fisch vorzüglich, es gibt sogar ausgefallene Sorten, wie (von links) Maguro (Thunfisch), Ikura (Lachskaviar), Toro (Thunfischbauch), Anago (gegrillter Aal), Akagai (rosa Muschel) und Amaebi (Süßwassergarnele). Die Schälchen schwimmen auf einem Wasserkanal im Tresen vorbei, man kann sich bedienen, wie man mag. Dazu heißen grünen Tee und Sake nach Lust und Laune.

Tapa-Bar & Restaurant
Carpe diem
Savigny-Passage 577
10623 Berlin-Charlottenburg
Tel: 030/3132728
Fax: 030/3132628
tägl. 17–1

Sushi-Bar
Sachiko
Savigny-Passage 584
10623 Berlin-Charlottenburg
Tel: 030/3132282

Eine kleine Tapa-Auswahl (von rechts): gegrillte Chorizo (scharfe Knoblauchwurst) mit Chilikartoffeln, Salat aus Hähnchenfleisch mit getrockneten Tomaten, Oliven in Basilikumpaste, andalusischer Möhrensalat, Oktopus mit Paprika, Rindfleisch mit Tomate und Chili, hauchdünn gehobelter Schinken, gebackener Oktopus, gebeizter Lachs, Ziegenkäse mit Thymian, marinierte Paprika und Auberginen. Dazu Weißbrot und ein kraftvoller Rotwein – was will man mehr? Rechts: Sushi von erstklassiger Qualität.

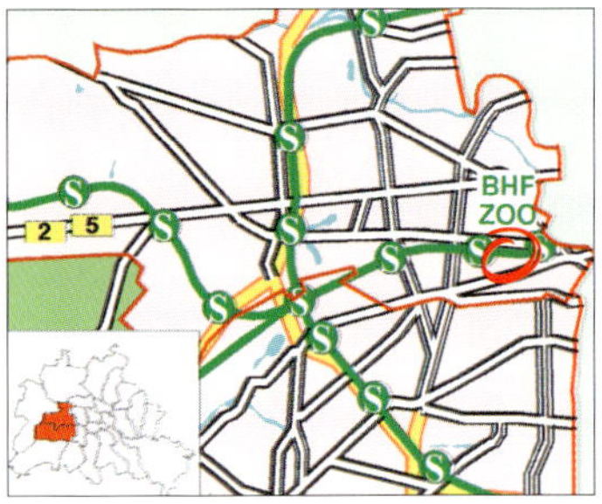

Kaum eine glanzvolle Party in Berlin mit den Schönen und Reichen, die nicht in der »Paris Bar« endet. Nirgendwo ist der Promifaktor größer, die Glamourkonzentration dichter – die »Paris Bar« ist Kult. Und doch gibt es kaum ein Lokal, über das herzuziehen ähnlich schick ist. Die Ober seien hochnäsig, heißt es, die Austern teuer und die Küche mäßig. Nichts davon ist wahr! Die »Paris Bar« ist vielmehr ein bildschönes, wunderbar gemütliches Bistro mit viel Atmosphäre. Die Küche ist sehr französisch: ein anständiges Stück Fleisch zu erstklassigen Pommes frites und knackig frischem Salat, vorzügliche Austern, mit perfektem Schalottenessig, zum raisonablen Preis. Die Baguette ist knusprig, der offene Sancerre ordentlich, die Ober sind flink, die Öffnungszeiten flexibel – ausgeschenkt wird, bis die Letzten endlich gehen. Was will man eigentlich mehr?

Auf der gegenüberliegenden Straßenseite hat sich ein Szenezentrum für Wohnen und Design etabliert. Hinter glitzernder Glasfassade haben sich über fünf Etagen hinweg mehr als 50 verschiedene Läden eingerichtet, allesamt rund um das vielschichtige Thema Wohnen: Hier findet man Möbel aller Art, Lampen, große und kleine Accessoires für die Wohnung, Antiquitäten, auch antike Baumaterialien, außerdem Spezialisten für Küchen und Bäder, sogar für Musik- und HiFi-Anlagen; also buchstäblich alles, was Wohnen schöner macht. Klar, dass dem flanierenden Käufer auch die Möglichkeit zum Verweilen

geboten wird. Im Erdgeschoss ist die dazu passende Gastronomie untergebracht, sozusagen, um das »Institut des guten Geschmacks« auch im Wortsinn zu komplettieren. Tausendsassa Markus Semmler, der schon am Lützowplatz mit seiner »Mensa« die Gäste überzeugen konnte (siehe auch Seite 94/95), hat den Betrieb der fast 750 Quadratmeter großen Restaurantlandschaft übernommen. Sie besteht aus dem edlen Restaurant mit weiß gedeckten Tischen,

Schräg gegenüber der »Paris Bar« mit der gebogenen Laterne davor befindet sich das »Stilwerk«, eine Art Zentrum fürs schöne Wohnen: fünf Etagen voller Läden (ganz links). Im Erdgeschoss das »Stil«: Restaurant, Bar, Sushi-Tresen und Bistro – trendy, schick und trotz seiner Größe gemütlich. Der Küchenchef: Rolf Zacherl.

einer stimmungsvollen Bar, dem Sushi-Tresen mit dem viel gepriesenen vietnamesischen Sushi-Meister Mr. Hai und schließlich einem lässigen Bistro und Coffee-Shop. Von 10 Uhr morgens, also vom Frühstück an, kann man den ganzen Tag über entweder schnell eine Kleinigkeit zu sich nehmen – Pasta, witzig belegte Baguettes oder ein paar originelle Antipasti –, mittags und abends jedoch auch ein gepflegtes Menü im eleganten Rahmen genießen. Küchenchef Rolf Zacherl aus der Schule Harald Wohlfahrts, Deutschlands höchstdekoriertem Koch, steht für eine sorgfältige, phantasievolle Küche, die sich strikt nach den Jahreszeiten richtet und nur frische, erstklassige Zutaten verwendet.

Bonito warm/kalt

Thunfisch auf zweierlei Art. Auf dem Teller rechts der kalte Bonito, ein Tatar: Das Fischfleisch wurde mit einem Messer ebenso fein wie akkurat gewürfelt und mit gehackter Schalotte, Basilikum und einigen Tropfen Olivenöl gewürzt. Mit einem Löffel zur Nocke geformt, sitzt es auf marinierten Kirschtomaten. Der warme Thunfisch (links) wurde mit Olivenöl, Zitronensaft und japanischem Bergpfeffer gebeizt, schließlich dicht in Alufolie gewickelt und im mäßig warmen Ofen (bei 68 Grad!) behutsam durchwärmt. Dabei ziehen die Gewürze ein, das Fischfleisch bekommt Festigkeit, aber es bleibt im Prinzip roh.

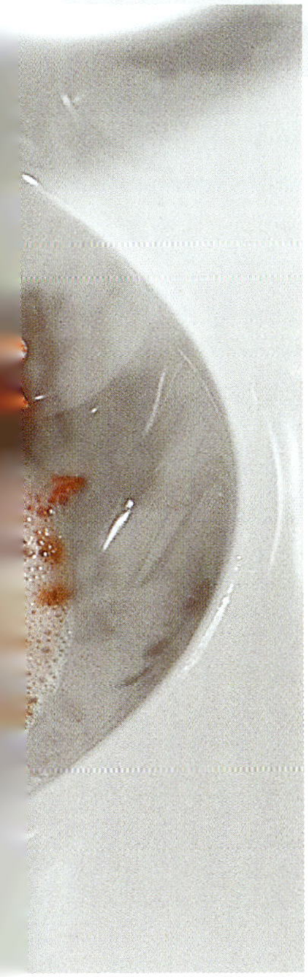

Zanderfilet

Das auf der Hautseite knusprig gebratene Stück Zanderfilet kommt auf der Fleischseite nicht mit direkter Hitze in Berührung, deshalb bleibt es saftig. Es ist auf Kürbiskraut gebettet, ein Gemüse, für das sich Küchenchef Zacherl von der österreichischen Küche hat inspirieren lassen: Das Fleisch eines reifen Kürbis wird fein geraspelt, eingesalzen und darf über Nacht Saft ziehen. Schließlich dünstet man die Gemüsestreifen mit winzigen Paprikawürfeln in Olivenöl an und würzt mit Zimt, Ingwer und Rosmarin. Mit Letzterem ist auch die schaumige Sahnesauce abgeschmeckt, mit der das Gemüse umhüllt wird.

Lammrücken

Der Rücken mit den sauber parierten (geputzten) Knochen und das Filet sind am Stück so zart gebraten, dass sie innen noch herrlich blutig und saftig sind. Sie werden in Portionen aufgeschnitten und auf Artischockenherzen serviert. Dazu: scharfer Couscous. Der Couscousgrieß wird in einer Mischung aus Chili-, Sesam- und Olivenöl angeröstet, man fügt gehackten Knoblauch sowie winzige Würfel von Fenchel und Möhren hinzu, füllt mit Gemüsebrühe auf, würzt mit Salz und Kurkuma, das für die gelbe Farbe sorgt, und lässt ihn nach dem Aufkochen ausquellen. Eine herzhafte, originelle Beilage!

Restaurant/Bar/Bistro
Stil
Kantstraße 17
10623 Berlin-Charlottenburg
Tel: 030/31 56 86-0
Fax: 030/31 56 86-11
Mo–Sa ab 10
Parkplätze in der Tiefgarage!

Restaurant
Paris Bar
Kantstraße 152
10623 Berlin-Charlottenburg
Tel: 030/3 13 80 52
tägl. 12–2

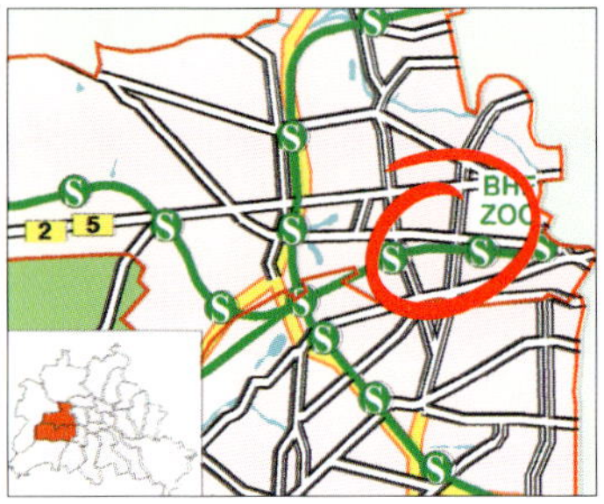

Chinesisch essen wie in Hongkong!

Dem Kenner fallen sie sofort auf, die gerösteten Enten, die glänzend, als wären sie lackiert, in Reih und Glied im Fenster hängen und ihre Schnäbel in die Luft strecken: *Barbecued duck*, geröstete Ente, das Markenzeichen jedes kantonesischen Restaurants, wird vor dem Braten mit einer zuckerhaltigen Marinade eingestrichen, die beim Braten Glanz entwickelt; und die Enten werden, Ehrensache, mitsamt dem Kopf geröstet – ausgewiesene Liebhaber bekommen ihn als Delikatesse aufgetischt. Solche Enten, wie man sie sonst aus Hongkong, London oder New York kennt, hängen auch im Fenster des »Good friend« in der Kantstraße und künden davon, dass man hier authentisch kantonesisch kocht. 20 bis 25 Stück gehen täglich über den Tresen, nach Hongkong-Art mitsamt dem Knochen in mundgerechte Bissen gehackt, auf gedünstetem Chinakohl angerichtet und mit Chilisauce oder Chili-Öl serviert.

Yee Tak Wong, ein Mann von Witz und Charme, ist vor acht Jahren aus Hongkong nach Berlin gekommen; seine Kinder, die hier zur Schule gehen, sprechen fast besser deutsch als mandarin. Nie hätte er zu hoffen gewagt, dass sein Lokal derartigen Erfolg haben würde. Weil die mehr zweckmäßig als elegant eingerichteten Räume längst aus den Nähten platzen, hat er den Laden nebenan integriert, so konnte er für die Küche mehr Platz schaffen und die Toiletten in den Keller verlegen.

Allerdings: Sorgen machen ihm seine Köche – kaum jemand möchte noch aus Hongkong nach Deutschland kommen. Denn nach drei Jahren muss Wong sie, ob sie wollen oder nicht, wieder nach Hause schicken. Gutes Geld verdienen können sie in Hongkong auch, wo weniger Vorschriften und Auflagen und das freundlichere Wetter ein angenehmes Leben garantieren. Auch in England oder Amerika sind die Aussichten allemal besser als bei uns. Und natürlich ist die Arbeit in der Küche hart, die Arbeitszeiten lang …

GERÖSTETE ENTE

Eigentlich braucht man einen Ofen, in dem die Enten hängend(!) gebraten werden. Aber es geht auch so: Die Ente mit einer Marinade aus- und einreiben aus 2 EL Fünfgewürzpulver, 1 EL Zucker, 3 EL Sojasauce, 1 EL Sesamöl und 2 EL Cognac. Auf dem Rost über der Fettpfanne in den 250–280 Grad heißen Ofen schieben. Nach 30 Minuten auf den Bauch drehen, auf 100 Grad herunterschalten, die Ente eine weitere Stunde braten. Mit Bratensaft einpinseln, die Ente auf den Rücken drehen, die Hitze auf stärkste Stufe stellen oder sogar den Grill einschalten. Weitere 10 Minuten rösten, fleißig einpinseln. Vor dem Anschneiden 15 Minuten ruhen lassen.

Vor einigen Jahren hatte Mr. Wong sich mit einem Dim-Sum-Restaurant in der Leibnizstraße versucht. Dort gab es die klassischen Häppchen, Täschchen und Knödelchen, all die herrlichen Leckerbissen der kantonesischen Küche in ungewöhnlich guter Qualität. Leider musste er noch im ersten Jahr wieder schließen. Damals waren die Berliner für diese Art von ausgefeiltem Gaumenkitzel noch nicht bereit. Das »Good friend« haben sie gottlob angenommen!

Garnelen

Geschälte Garnelen (roh!) entdärmen, mit Stärke einreiben, ebenso ausgelöste Jakobsmuscheln. Im Wok in heißem Öl (neutrales Öl und Sesamöl mischen) rasch eine Minute unter stetem Rühren braten, dabei Ingwer, Knoblauch und Frühlingszwiebeln zufügen, auch eine kleine Hand voll Makadamianüsse und Stücke von grünem Spargel (zu anderer Jahreszeit Zucchini, Lauch, Broccoli verwenden). Mit Salz und Zucker würzen, wenig Sojasauce (wegen der Farbe), dafür mehr Reiswein angießen. Nach Gusto mit Chili-Öl schärfen.

Lamm mit Sellerie

Fleisch aus der Keule in feine Streifen schneiden, etwas Stärke einmassieren, in heißem Öl (neutrales und Sesamöl!) mit Ingwer, Knoblauch und Frühlingszwiebel rasch braten. Reichlich pfeffern, Stangensellerie in Ringen zufügen, auch Streifen von roter Paprika. Mit je einem Schuss Sojasauce und Reiswein ablöschen.

Gedämpfte Daurade

Für ein festliches Büffet oder ein entsprechend feierliches Menü bekommt der Fisch ein kunstvoll geschnitztes Hemd: Dafür schält ein chinesischer Koch mit seinem großen Küchenbeil eine Möhre so dünn und akkurat, dass am Ende ein meterlanges Band entstanden ist. Dieses wird dann kunstfertig eingeschnitten, so wie begabte Kinder bei uns das mit Papier beherrschen. In dieses Möhrenband wird der geschuppte, ausgenommene, gründlich gewaschene Fisch eingepackt, nachdem man seinen Bauch mit Zucker, Sojasauce und Sesamöl ausgerieben sowie ein Händchen voll fein geschnittenem Ingwer, Knoblauch und Zwiebelstreifen hineingepackt hat. Der Fisch wird auf eine mit Öl bepinselte Platte gebettet, Möhren-, Ingwer- und Frühlingszwiebelstreifen darum herum gehäuft und mit etwas Sojasauce beträufelt. Im geschlossenen Wok über Wasserdampf ist der Fisch nach etwa 20 Minuten gar. Er sollte auf Fingerdruck keinen Widerstand mehr bieten, sondern sanft nachgeben. Dazu Chili-Öl servieren (Seite 107), so kann man seine Portion nach Belieben würzen.

Garnelen-Bällchen

Für die walnussgroßen Bällchen braucht man rohe Garnelenschwänze – man kauft sie tiefgekühlt, bereits geschält und entdärmt: in bester Qualität am ehesten im Asienshop. 300 g Garnelenfleisch, 50 g grüner Speck, 1 Stück Bambussprosse (50 g) im Zerhacker nicht zu fein zerkleinern, mit 1/2 TL Zucker, 1 TL Speisestärke, Salz, Pfeffer und einigen Tropfen Sesamöl gut verkneten. Bällchen formen, über Dampf 8 Minuten garen. Mit gedünsteten Pak-Soy-Herzen anrichten und mit Hühnerfond, der mit etwas Stärke gebunden ist, überglänzen. Chili-Öl dazu reichen!

China-Restaurant
Good friend
Kantstraße 30
10623 Berlin-Charlottenburg
Tel: 030/3132659
Fax: 030/3122488
tägl. 12–2

Hummer

Sieht großartig aus, schmeckt göttlich und ist kinderleicht zuzubereiten: Den in kochendem Wasser getöteten Hummer (ca. 500 g) mit einem Küchenbeil längs halbieren, die Hälften quer in Stücke hacken. Im Wok 2–3 EL neutrales und 1 EL Sesamöl erhitzen, 1–2 EL gewürfelten Ingwer und 1 TL gehackten Knoblauch sowie 3 in zentimeterlange Stücke geschnittene Frühlingszwiebeln anrösten, Hummerstücke zufügen und 2 Minuten unter Rühren braten.
Je 2 EL Reiswein (Sherry), Hühnerbrühe und Sojasauce angießen, kurz aufkochen und – fertig!

Feines zum Riechen und Schmecken

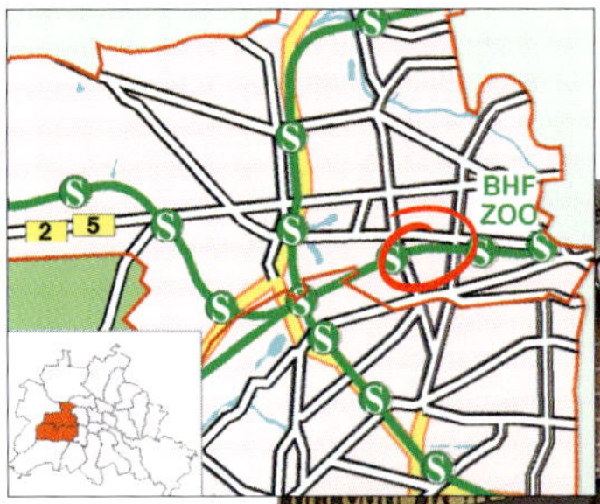

Läden, die sich spezialisiert haben, machen dem Lebenskünstler besonderen Spaß. In der Beschränkung liegt die Kraft! Das gilt für den Espresso-Spezialisten wie für den Parfumeur, erst recht für die Königsberger Marzipanproduzenten. Auf derselben Linie liegen der Fischspezialist »Rogacki« in der Wilmersdorfer Straße und der wunderbare Riesenladen für Delikatessen aller Art »Lindenberg«. Hier kaufen normalerweise Gastronomen ein, ab 10 Uhr darf das jedermann.

Alle Welt liebt Espresso, überall wird er angeboten, aber nur selten bekommt man das Gebräu so, wie es sein soll: ein winziger Schluck, stark, heiß und aromatisch. Meist wird die Espressotasse randvoll serviert – »Die Leute wollen es so«, wird lakonisch erklärt. Doch selbst wenn man bei der Bestellung bittet: »Klein und stark«, ist das Ergebnis selten wie gewünscht. Wer ist schuld? Deutsche Sparsamkeit, falscher Kaffee, falsche Maschine? Antworten darauf weiß Holger Maschke. Sein Geschäft Ecke Pestalozzi-/Wilmersdorfer Straße gibt es seit fast hundert Jahren, schon der Großvater war auf Kaffee spezialisiert. Seit mehr als 17 Jahren röstet Maschke seinen Espresso selbst, hat sämtliche Maschinen ausprobiert, herumgetüftelt, mit Bohnen, Röstgrad, Maschinendruck experimentiert, um die richtige Mischung zu entwickeln. Bei ihm kann man sich informieren, Maschinen ausprobieren, Kaffee verkosten – die strengen Schilder »Nichts anfassen!« dürfen einen nicht stören.

Ein Stück die Pestalozzistraße weiter Richtung Suarezstraße gelangt man in eine entzückende Puppen-

stube, die »Königsberger Marzipan Confiserie Wald«. Die schleiflackierten Verkaufsvitrinen, das Lächeln der Chefin Irmgard Wald, der betörende Duft des Marzipans – das vermittelt Heimeligkeit und hat etwas Rührendes. Hier gibt es Marzipan, sonst nichts, und es ist das beste Marzipan der Welt! Es wird seit mehr als vierzig Jahren täglich frisch geformt, zart geröstet und in unnachahmlich schlichte, weiße Pappschachteln gesetzt. Das Marzipan hat einen wunderbaren Schmelz – wer es probiert hat, wird kein anderes mehr essen wollen!

Ebenfalls ein Laden mit Tradition ist der Parfumeur Lehmann in der Kantstraße, 1926 gegründet. Mehr als 50 Parfums, Eaux de Toilettes und Kölnisch Wässer sind im Angebot. Die Düfte werden nach Gewicht verkauft – man kann eigene Flakons bringen und auffüllen lassen. Auch die künstlichen Blumen im Laden haben ihre Geschichte: Zu Großvaters Zeiten waren kunstvolle Seidenblumen begehrte Dekoration am Revers oder Hut der feinen Dame. Damit sie richtig duften konnten, hatte Großpapa Lehmann mit Parfums begonnen …

Espresso-Studio
Casa del caffé
Wilmersdorfer Straße 72
10629 Berlin-Charlottenburg
Tel: 030/3231664
Fax: 030/3231664
Mo–Fr 10–17, Sa 10–13

Duftfabrik
Harry Lehmann
Kantstraße 106
10627 Berlin-Charlottenburg
Tel: 030/3243582
Fax: 030/3243532
Mo–Fr 9–18.30, Sa 9–14

Feinkost
Lindenberg
Morsestraße 2
10587 Berlin-Charlottenburg
Tel: 030/398015-0
Fax: 030/3923009

Fisch & Feinkost
Rogacki
Wilmersdorfer Str. 145–146
10585 Berlin-Charlottenburg
Tel: 030/343825-0
Fax: 030/3438 25 66

Königsberger Marzipan
Wald
Pestalozzistraße 54a
10625 Berlin-Charlottenburg
Tel: 030/3238254

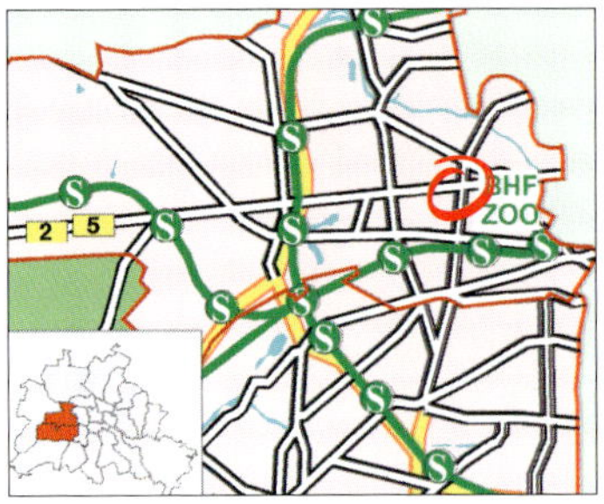

Was wäre Berlin ohne Eckkneipen!

In seiner Eckkneipe kultiviert der Berliner die Tugend der Gemächlichkeit«, beschreibt Felix Henseleit das Phänomen Berliner Eckkneipen in einem Büchlein über die Berliner Küche, das der Senator für Arbeit und Betriebe vor gut 20 Jahren herausgegeben hat. Wahrscheinlich empfindet heute wohl kaum jemand Gemächlichkeit als Tugend, aber Eckkneipen sind weiterhin gern besuchte Orte. Es ist einfach unglaublich gemütlich, in so einer Kneipe an einem gescheuerten Holztisch zu sitzen, ein schäumendes Bier im Glas, vielleicht sogar eine »Weiße«, das klassische Weißbier, das man »mit« (einem Schuss Himbeersaft) genießt

Eisbein mit Erbspüree

Manchmal muss es sein: Da hat man Lust auf wirklich Deftiges! Zum Beispiel das klassische Berliner Eisbein: Die Vorderhaxe vom Schwein, gepökelt, dann mit Wurzelwerk, Pfeffer- und Pimentkörnern sowie reichlich Lorbeer in zwei Stunden langsam weich gekocht, bis man mit der Gabel die schmelzend zarte Schwarte durchteilen kann. Dazu gehört ein Püree aus gelben Erbsen, denen Speckstippe zusätzlich Kraft verleiht: Dafür Speck fein würfeln und mit gehackten Zwiebeln langsam auslassen. Außerdem passen Salzkartoffeln, scharfer Senf und, wenn man will, auch noch Sauerkohl.

Das »Wendel« am Richard-Wagner-Platz ist eine Eckkneipe wie aus dem Bilderbuch, mit gescheuerten Holztischen, dunkel getäfelten Wänden, vielen Erinnerungsbildern an der Wand, vom alten Berlin und früheren Gästen, und zwölf verschiedenen Bieren vom Fass! Wilfried Hilliges, der Wirt, mit lederner Schankburschschürze vor dem Bauch und einem breiten Lächeln im Gesicht, sorgt dafür, dass die Gläser gut gefüllt sind. Dazu gibt's herzhafte Berliner Küche.

oder als »Maiwein« (mit einem Spritzer Waldmeistersirup) – Getränke, die vermutlich ihrer schrillen Farbe wegen wieder in Mode gekommen sind. Dazu gehört natürlich herzhafte Kost: eine Boulette mindestens, bei sparsamen Wirten, die mehr Brot als Fleisch dafür verwenden, auch »verzauberte Schrippe« genannt; lieber noch eine Portion Hackepeter: frisches Schweinefleisch grob durchgedreht, mit Salz und reichlich Zwiebeln angemacht. Ein Brathering oder Rollmops. Und gegen den richtigen Hunger ist ein Eisbein angesagt. Warum das Eisbein so heißt? Als man es noch nicht verstand, aus Eisen Stahl zu machen, wurden aus den besonders widerstandsfähigen Schienbeinen von Schweinen Schlittschuhe hergestellt.

Eckkneipe
Wendel
Richard-Wagner-Straße 57
10707 Berlin-Charlottenburg
Tel: 030/8 81 78 50
tägl. 16–0.30

Das Ehepaar Krohn: Alessandra, die Süditalienerin, und der norddeutsche Sven. Beide betreiben die kleine Trattoria zusammen mit Alessandras Cousin Giovanni Moro. Sven regiert die Küche, Alessandra kümmert sich um den Service, Giovanni um die Weine: Er bietet eine höchst intelligente Auswahl von vorzüglichen, manchmal auch ausgefallenen Gewächsen.

Kichererbsensuppe

Dafür müssen die getrockneten Kichererbsen zunächst eingeweicht, dann langsam weich gekocht werden. Wie alle Hülsenfrüchte nehmen sie es übel, wenn man sie zu heftig sprudelnd kocht. Sie dürfen nur leise unterhalb des Siedepunkts ziehen, sonst bleiben sie hart. Für die Cremesuppe werden sie schließlich püriert und mit Gemüsebrühe auf die gewünschte Suppenkonsistenz aufgefüllt. Mit Olivenöl aufgemixt wird die Suppe luftig und bekommt Geschmack. Als Einlage dürfen Garnelen, Ringe vom Tintenfisch und Würfel von roter Paprika drin schwimmen. Ein »Faden« von Olivenöl gibt Würze!

Orechiette

Öhrchen heißt die Pastaspezialität aus Apulien, sie wird von Hand gemacht, aus einem mageren Nudelteig mit ganz wenig Ei. Man formt dabei dünne Teigflecken, indem man sie über den Daumen stülpt. Die Pasta wird wie gewohnt in Salzwasser gekocht, allerdings nicht ganz fertig. Für die letzten Minuten lässt man sie im Sugo mitschmoren: Hier besteht er aus *cima di rape,* einem winterlichen Gemüse aus Süditalien, das wie riesenhafter Löwenzahn aussieht. Es ist ziemlich bitter, entwickelt aber, fein gehackt und zusammen mit Pinienkernen, Olivenöl und Zwiebeln, nach längerem Schmurgeln ein wunderbares Aroma. Es wird mit reichlich Pfeffer gewürzt, und zum Schluss mischt man noch großzügig frisch geriebenen Käse unter. Ein herzhaftes, sättigendes Gericht!

Wie bei einer süditalienischen Mamma

Charlottenburg

Italienische Restaurants gibt's in Berlin wie in jeder deutschen Großstadt ungezählte. Sie bieten mal mehr, mal weniger authentische Kost. Das winzige Ristorante »La Pignata« in der Spielhagenstraße ist eine Ausnahme: Hier fühlt man sich aufgehoben wie im Schoß einer italienischen Großfamilie. Hoch in der linken Ecke des kleinen Gastraums dröhnt der Fernseher, sobald er Interessantes bietet. Darunter, am Stammtisch, hocken Freunde, Lieferanten oder wer sonst gerade des Weges kommt. Die übrigen acht, höchstens zehn blaukariert gedeckten Tische sind sehr begehrt. »An Wochenenden«, erzählt Alessandra, »sind wir oft bis auf zwei, drei Wochen hinaus ausgebucht. Ich schäm' mich oft, wenn ich absagen muss, ich möchte doch nicht, dass die Leute denken, wir sind hochnäsig.« Nein, hochnäsig ist hier niemand, es geht im Gegenteil wunderbar familiär zu. Unversehens gerät man mit den Nachbarn vom Nebentisch ins Gespräch, schon weil man so eng aufeinander sitzt. Zu essen gibt es die ehrliche Hausfrauenküche aus Alessandras Heimat Apulien. Sie ist mit Sven eigens nach Hause gefahren, damit er bei ihrer Mamma die originalen Rezepte lernt.

Trattoria
La Pignata
Spielhagenstraße 2
10585 Berlin-Charlottenburg
Tel: 030/34704908
Mo–Fr 11.30–15, 18–24
Sa 17–24

Bracioline

Kleine Röllchen aus dünn geklopftem Rindfleisch, gefüllt mit Stangensellerie, Stückchen vom Grana und viel gehackter Petersilie. Langsam in Tomatensauce geschmort, bis das Fleisch mürbe und weich geworden ist und sich mit der Gabel teilen lässt. Dazu Gemüse, zum Beispiel Mangold.

Pasuli

So heißen die kleinen weißen Bohnenkerne aus Süditalien. Sie werden schmelzend weich gekocht, lauwarm mit Olivenöl, durchgedrücktem Knoblauch und gehackter Petersilie angemacht. Und mit gegrillten kleinen Tintenfischchen *(moscardini)* vermischt. Ein köstlicher Vorspeisensalat!

Schloss und Park: Zeugen von Preußen…

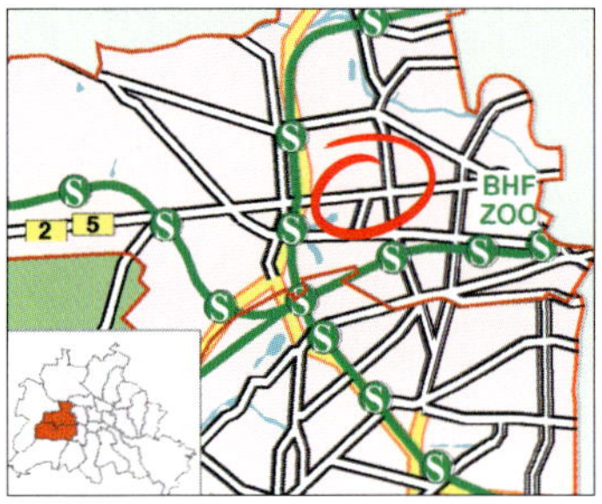

Genau 505 Meter breit dehnt sich die Fassade des Charlottenburger Schlosses – man plante und baute in Berlin schon früh in großen Dimensionen … Dabei hatte alles klein begonnen: Vor den Toren Berlins hatte sich die Kurfürstin Sophie Charlotte das Lustschlösschen Lietzenburg erbauen lassen. Die ebenso lebenslustige wie kunstsinnige und gebildete, mit Leibniz befreundete Gemahlin Friedrichs I. veranstaltete hier dem Zeitgeist entsprechende Feste, Singspiele und Maskeraden bis in die Morgenstunden, »Wirtschaften« genannt. Nach ihrem frühen Tode gab der König dem Schloss und der Stadt, die sich vor dem Schloss in barocker Regelmäßigkeit entwickelt hatte, ihr zum Gedenken den neuen Namen.

Das Schloss wurde von Eosander erweitert, mit Kapelle und Kuppel versehen, der Garten unter Mitarbeit Lenôtres, Schöpfer der Gärten von Versailles, in französischem Stil angelegt. Die großen Architekten Preußens haben sich hier verewigt: Friedrich der Große ließ Knobelsdorff den prächtigen Neuen Flügel errichten, Langhans baute Theater und Belvedere, Schinkel ein Gartenhaus.

Schloss Charlottenburg war im Krieg schwer beschädigt worden. Die prächtigen Repräsentationsräume sind restauriert, immer wieder werden neue Partien fertig gestellt. Das große öffentliche Interesse an den dem Schloss gegenüberliegenden Museen (Ägyptisches, Antiken, Bröhan und Berggruen-Sammlung) hat den im Schloss befindlichen Ausstellungen in den letzten Jahren Aufmerksamkeit entzogen – zu Unrecht: Das Museum für Ur- und Frühgeschichte, die Galerie der Romantik, die Sammlung Berliner Porzellans (Belvedere), die Kunst des frühen 19. Jahrhunderts (Schinkel-Pavillon) sind ebenso einen Besuch wert wie die von Pesne ausgemalten Prachträume mit den Bildern der Lieblingsmaler von Friedrich II., des unvergleichlichen Watteau und seiner Zeitgenossen.

Im 18. Jahrhundert war der französische Garten zum englischen Park umgestaltet w…

Glanz und Gloria

streitet man darüber, in welcher Form er restrukturiert werden soll.

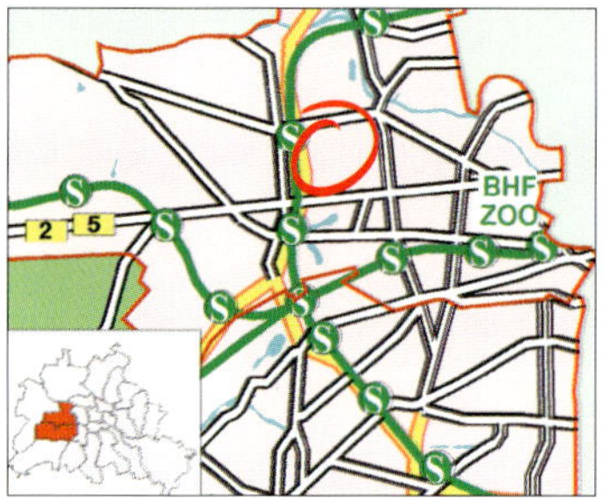

»Ana e Bruno«: Puristisch un

Über »Ana e Bruno« hört man die widersprüchlichsten Beschreibungen: »Der beste Italiener Berlins« schwärmen die einen, andere meckern dagegen: »Noch nie so wenig für so viel Geld gekriegt.« Was ist da los?
Mit einem »Italiener«, wie es in der Stadt unzählige gibt, mal mehr, mal weniger gut, hat das Ecklokal in der Nähe des Charlottenburger Schlosses wirklich nichts zu tun. Es ist ein dezentes, aber höchst anspruchsvolles, luxuriöses Restaurant, das jedoch in kein Schema passt. Man kommt nicht hierher, um eben mal einen Teller Pasta zu essen, sondern um einen besonderen Abend zu verbringen! Wenn Bruno mit seinem kahlen Schädel und verschmitztem Lächeln an den Tisch tritt, nach Vorlieben und Wünschen fragt und schließlich mit einer Mischung aus Bescheidenheit und Stolz vorschlägt, man möge ihn zeigen lassen, was seine Küche vermag, dann kann ein neugieriger Gast nicht widerstehen. Mag sein, dass jemand, der sein Menü lieber selbst bestimmen

Culatello

Eine Spezialität aus Zibello bei Modena: Hier löst man das Herz des Schinkens aus, den zartesten Teil, hüllt ihn in einen Darm und lässt ihn lange an der Luft trocknen. Nur 170 Stück werden im Jahr in dieser Qualität produziert! Bruno serviert dünne Scheiben davon auf einem Kranz von kleinen Linsen – natürlich die berühmten aus Castelluccio in Umbrien, es sind die besten!

Gespicktes Kalbsfilet

Sieht entzückend aus und schmeckt einfach wunderbar, das kunterbunt von Möhren, grünen Bohnen und Gurken in winzigen Stückchen getupfte Kalbsfilet. Es ist saftig, weil ganz sanft pochiert, und wird in hauchdünnen Scheiben auf einer duftig leichten Thunfischmayonnaise serviert.

oll Lebensfreude!

Jakobsmuscheln

Kurz, aber kräftig genug gebraten, dass sie goldene Bratspuren zeigen, aber innen noch roh sind. Angerichtet als Salat auf einem Bett von jungen Spinatblättern: mit winzigen, geschmolzenen Tomatenwürfeln und gehackten schwarzen (eingemachten) Trüffeln aus Norcia vermischt und mit umbrischem Olivenöl parfumiert.

Gänseleber

Die frische, sorgfältig geputzte Gänseleber war in einer Marinade aus Verduzzo eingelegt, einem Dessertwein aus dem Friaul. Gut gekühlt wurde sie dann in hauchdünne Scheiben aufgeschnitten und auf einem Kranz von jungen Spinatblättern aufgehäuft. Und schließlich reichlich mit nicht zu fein, aber unbedingt frisch gemahlenem Pfeffer bestreut.

Fels-Rotbarben

Also die wahren, »richtigen«, kleinen Rotbarben, die so besonders würzig sind: Mit Minzeblättern belegt und dann gebraten – eine umwerfende, sehr verblüffende Kombination. Dazu ein Artischockenherz, gefüllt mit gewürfelten, sanft geschmolzenen Tomaten, deren frische Säure zur erdigen Artischocke besonders gut passt.

Schwarze Nudeln

Ihre Farbe verdanken sie nicht wie üblich Tintenfischtinte, sondern Mehl von schwarzem Reis aus Venere, einem Ort im Piemont. Natürlich sind diese Nudeln hausgemacht! Sie werden gekocht, mit Krebsschwänzen und Tomatenwürfeln geschwenkt und mit hauchdünn gehobelter sardischer Bottarga (getrockneter, gepresster Meeräschenrogen) angerichtet.

Langostino

Ein makellos frischer, perfekt sautierter Scamposchwanz mit Risinabohnen, wie man in Italien sagt. Bei uns nennt man sie Augenbohnen, wegen des kleinen schwarzen Auges in der Mitte. Sie wurden mit Tomatenwürfeln und Olivenöl angemacht.

Ravioli

Sie sind mit einer Creme aus Ziegenfrischkäse und Ricotta gefüllt und auf einen Saucenspiegel aus Puffbohnen gesetzt, die dafür weich gekocht und glatt gemixt wurden. Bissfest blanchierte Bohnenkerne, winzige Tomatenwürfel und Streifen von luftgetrocknetem Speck, der nur schnell in einer heißen Pfanne durchgeschwenkt wurde, liefern Biss und zugleich die italienischen Farben ...

Eisparfait

Mit Krokant vermischtes Eisparfait auf einer dichten, intensiven Schokoladensauce. Krokant obenauf und Schokospäne rundum machen das Dessert zu einer köstlichen, aber üppigen Sache.

Restaurant
Ana e Bruno
Sophie-Charlotten-Straße 101
14059 Berlin-Charlottenburg
Tel: 030/3257110
Fax: 030/3226896

Meerwolf mit Waldpilzen

Ein fast zwei Finger dickes Stück aus dem Filet (eines großen Fisches!) wurde vor dem Garen akkurat mit exakt gehobelten Steinpilzscheiben bedeckt. Sie bleiben durch das in der Hitze austretende Eiweiß haften. Das leuchtend grüne Öl eines Petersilienpesto ist ein hübscher Kontrast. Das Kraut wird dafür blanchiert und sehr gut ausgedrückt, erst dann wird es mit Pecorino und Olivenöl gemixt.

will, sich eingeengt fühlt. Aber die Speisenfolge, die dann anhebt und erst endet, wenn man erschöpft abwinkt, ist denkwürdig: ein Gericht interessanter als das andere, jeder einzelne Teller Aufsehen erregend, dabei nie verkünstelt. Der Aufbau des Menüs ist durchaus italienisch, mit *Antipasti, Primi* mit *Pasta, Secondi* und Desserts. Typisch italienisch ist auch das Augenmerk auf das Produkt, das jeweils im Mittelpunkt steht. Aber von derart rigoroser Qualität, so pur und klar auf den Teller gebracht, findet man es selten. Die Ideen zu den Gerichten holt sich Bruno aus seiner Heimat, aber auch von anderswo, aus der französischen, der Thaiküche. Wie seine Köche sie ausführen und auf die Teller bringen, ist geradezu kongenial, sie arbeiten mit seltener Akkuratesse.
Als Bruno Pellegrini aus Como nach Berlin kam, um die Mauer zu sehen und hier zu arbeiten, wollte er drei Monate bleiben. Dann hat er Ana, seine Frau, kennen gelernt, die zwar in Madrid geboren, aber in Berlin aufgewachsen ist. »Und heute«, lacht Bruno, »nach 21 Jahren, ist die Mauer weg – ich bin noch immer da!« In den 13 Jahren, die die beiden ihr Lokal jenseits aller Moden führen, haben sie eine eigene, sehr persönliche Form von Gastlichkeit entwickelt. Das beginnt damit, dass klingeln muss, wer das Lokal betreten will – es gibt nicht viele Tische, also ist Reservieren angesagt. Längst hat sich eine verschworene Gemeinde von Stammgästen gebildet, die leise lächeln, wenn wieder jemand meint, bei »Ana e Bruno« gibt's wenig für viel Geld ...

Patron Bruno Pellegrini mit seiner Frau Ana.

Luxus, Service, Eleganz

Kaum zu glauben, dass ein derart prächtiger Palast als Privathaus erbaut wurde! Den Münchner Rechtsanwalt von Pannwitz hatte es in die Reichshauptstadt gezogen, nachdem er für den Kaiser einen Prozess (gegen den Dichter Frank Wedekind übrigens) und damit auch dessen Gunst gewinnen konnte. Weil seine argentinische Frau Catalina offenbar unerschöpfliche Gelder mit in die Ehe gebracht hatte, konnte er standesgemäß bauen, er brauchte nicht zu sparen. »... ein feudaler Bau«, berichtete 1916 das elegante Journal »Die Dame« zwei Jahre nach Fertigstellung, »schloßartig nach Dimension, Grundriß und Anlage.« Nach dem Ersten Weltkrieg war es mit der Herrlichkeit vorbei,

Pannwitz folgte dem Kaiser ins Exil. Pracht und Ausmaße des im klassizistischen Stil, aber mit gründerzeitlichen Pomp gestalteten Bauwerks waren für eine weitere private Nutzung eher hinderlich. So wurde das Palais, nach wechselvoller Geschichte als Botschaft und Offiziersclub, schließlich Hotel. Das »Schloßhotel Gehrhus« galt in den fünfziger und sechziger Jahren als das eleganteste Haus der Stadt und war Schauplatz glanzvoller Feste. Als der Hotelier Gehrhus 1984 starb, verfiel das einst so glamouröse Anwesen, bis es eine Gruppe von Berliner Familien zwei Jahre nach der Wiedervereinigung kaufte und mit einer gewaltigen Kraftanstrengung wieder instand setzte. Drei Jahre dauerten die Renovierungsarbeiten. Einer der Besitzer, mit Karl Lagerfeld befreundet, konnte diesen für die Innengestaltung gewinnen, und so trägt die prunkvolle Ausstattung seine Handschrift.

Seit gut zwei Jahren wird das Hotel mit seinen 54 luxuriösen Zimmern und Suiten von der Ritz-Carlton-Company geführt, eine kleine, besonders feine Hotelgruppe, für ihre exclusiven Häuser in aller Welt bekannt und vor allem für perfekten wie individuellen Service. Das elegante Anwesen liegt in einem Park mit schönen alten Bäumen inmitten eines stillen Villenviertels im Grunewald. Trotzdem sind es zum Kurfürstendamm, zum Messegelände und sogar zum Flughafen kaum mehr als zehn Minuten. Luxuriös und klassisch ist das Restaurant »Vivaldi«, mit einer eher französisch orientierten Küche, die gern mit edlen Produkten wie Gänseleber oder Trüffeln glänzt.

Lammkoteletts

Die Koteletts wurden nach dem Braten mit Zwiebelpüree bedeckt und überbacken. Sie werden mit einer Kartoffelrosette serviert, für die man dünn gehobelte rohe Scheiben in einer beschichteten Pfanne akkurat übereinander lappend zur Rosette anordnet und in Olivenöl langsam auf beiden Seiten goldbraun bäckt. Dabei haften die Scheiben durch ihre Stärke aneinander. Außerdem dazu: auf einen Rosmarinzweig gefädelte, gebratene Sommergemüse.

Seezunge mit Morcheln

Streifen von saftig gedämpfter Seezunge in einer duftig aufgemixten, cremigen Sauce aus Vin Jaune, einem kräftigen, alkoholreichen Weißwein aus dem Jura, der eher einem Sherry ähnelt als einem normalen Wein, und etwas Sahne. Frische, gedünstete Morcheln geben dem Gericht würzigen Duft, sorgfältig tournierte (zugeschnitzte) Gurken eher knackige Frische. Abgezupfte Kerbelblättchen setzen einen frühlingshaften Farbtupfer.

Paul Urchs ist als Küchen- und Wirtschaftsdirektor für den gesamten gastronomischen Bereich des Hauses verantwortlich.

Schlosshotel
The Ritz-Carlton
Brahmsstraße 10
14193 Berlin-Grunewald
Tel: 030 / 89 58 40
Fax: 030 / 89 58 48 00
www.ritzcarlton.com

Restaurant
Vivaldi
Tel: 030 / 89 58 45 20
Mo–Sa ab 18

Romantisches Arkadien am Fluss

Hoch über der Havel liegen, von Wald umgeben und vom Wasser aus kaum mehr zu entdecken, die Kirche »St. Peter und Paul« und das »Blockhaus Nikolskoe«. Dabei war Friedrich Wilhelm III. extra mit dem Boot hinausgefahren, um von dort aus den Standort des Ensembles festzulegen, das er vor rund 180 Jahren für seine Tochter Charlotte und ihren Gemahl, den Großfürsten und späteren Zaren Nikolaus I. von Russland, errichten ließ.
Überhaupt hatte man sich hier an der Havel eine in südlich-klassischer Art gestaltete Landschaft vorge-

Der Ort ist zauberhaft und das Gartenrestaurant »Blockhaus Nikolskoe« daher ein beliebtes Ausflugsziel über der Havel – entsprechend fällt das gastronomische Angebot aus: In Deutschland kommen ja die Feinschmecker an solchen Zielen – anders als in Italien oder Frankreich – leider nicht auf ihre Kosten … Aber ein Spaziergang durch den Grunewald, den Düppel oder auf der Pfaueninsel macht vielleicht ausreichend hungrig!

stellt, mit Villen, Kirchen, Schlössern, Pavillons und Türmen an strategisch wichtigen Punkten, um aus dem Ganzen eine Art Prospekt zu machen. Man – das war das preußische Herrscherhaus, die Könige mit Anverwandten: König Friedrich Wilhelm II. hatte 1793 eine Insel in der Havel erworben und zum Liebesnest erkoren. Im neugotischen Schlösschen, dem romantischen Zeitgeschmack entsprechend als Ruine gestaltet, vergnügte er sich mit seiner Maitresse Wilhelmine Encke, in der Meierei spielte man bäuerliches Leben. »Pfaueninsel« heißt sie, weil die dekorativen Vögel im von Peter Joseph Lenné geschaffenen Park mit künstlerisch geordneter Natur ihre Räder schlagen dürfen. Die Höhepunkte der arrangierten Flusslandschaft bilden dann Schloss Klein-Glienicke samt herrlichem Park (folgende Seite), Schloss Babelsberg, die Kirche von Sacrow und das Marmorpalais mit seinen Anlagen im Neuen Park in Potsdam.

Blockhaus Nikolskoe
Nikolskoer Weg 15
14109 Berlin-Wannsee
Tel: 030/8052914
Fr–Mi 12–22
(Winter 19)

Wirtshaus Moorlake
Moorlakeweg 1
14109 Berlin-Wannsee
Tel: 030/8055809
Fax: 030/8052588
tägl. 10–21 (Winter 18)
Winterprogramm über »Concertino«
Tel: 0331/2709888
Fax: 0331/2709891

Links: Eine nostalgische Fähre setzt die Besucher über auf die Pfaueninsel, auf der Havel kreuzen Ausflugsdampfer und Linienschiffe. Rechts: Im »Wirtshaus Moorlake« sitzt man wohl behütet von mächtigen Bäumen, umgeben von meterbreiten, akkurat geschorenen Ligusterhecken. Wenn die Nachtigallen nicht singen, gibt's Kaffeehausmusik, und auf der Havel kreuzen die Segelschiffe. Wer gerne deftig speist, ist hier richtig: Die Altberliner und Märkischen Spezialitäten werden erfreulich sorgfältig zubereitet. Im Winter finden von einem Menü begleitete Dichterlesungen statt!

Wo das Preußentum zur

Das Schloss von Klein-Glienicke wurde ab 1825 für den Prinzen Carl erbaut: ein Meisterwerk des preußischen Klassizismus von Karl Friedrich Schinkel und seinen Schülern. Nicht der Machtanspruch des Königshauses wird hier demonstriert, sondern eine fast gemütliche Atmosphäre angestrebt, gepaart mit südländischem Lebensgefühl. So entstand in dem von Lenné angelegten Garten mit Schloss, Brunnen, Orangerie, Tempeln und Pergolen ein hinreißend schönes Ensemble, das auch durch den später hinzugefügten Klosterhof mit seinen in die Wände eingelassenen antiken Kunstwerken, die Carl von seinen Reisen mitbrachte, nicht beeinträchtigt wird. Neben dem Schloss die der römischen Villa Medici nachempfundene Remise, die heute das gleichnamige Restaurant beherbergt. Franz Raneburger vollführt hier das Kunststück, aus dem lange nur als recht beliebiges Ausflugslokal betriebenen Haus ein der Örtlichkeit angemessenes Spitzenrestaurant zu machen mit sorgfältiger, anspruchsvoller Küche – ein durchaus nicht einfaches Unterfangen, so weit draußen und leider nur bei schönem Wetter gut besucht. Mit Recht aber ein begehrter Platz für erlesene Feste!

Schloss Klein-Glienicke: Prinz Carl und seine Gäste zechten gern in einem der beiden Aussichtspavillons, »Kleine und Große Neugier« genannt, weil man von hier aus das Treiben auf der Königstraße betrachten und herrliche Sonnenuntergänge über der Havel erleben kann. Von italienischer Anmut und doch ganz preußisch-klassizistisch die verbindenden Pergolen, der von zwei vergoldeten Löwen bewachte Springbrunnen, Ruhebänke, die Einfahrt und der wunderbar gearbeitete Zaun.

Die Glienicker Brücke über die Havel war in der Zeit des Kalten Krieges zu zweifelhafter Berühmtheit gelangt: Auf ihr wurden die Spione zwischen Ost und West ausgetauscht. Rechts im Hintergrund Schloss Babelsberg.

Genuss wird: Schloss Glienicke

Die Terrasse der »Remise« im Schloss Glienicke: Man sitzt hier draußen, wie auch drinnen am Fenster, unvergleichlich schön und gepflegt – und vergisst beim Essen total, dass man sich an einem beliebten Ausflugsziel befindet: feine, an der Jahreszeit und dem Produkt orientierte Luxusküche mit großen Portionen und perfekt zubereitete Klassiker. Und hervorragende Weine!

Restaurant
Remise
Im Schloss Glienicke
Königstraße 36
14109 Berlin-Wannsee
Tel: 030/8054000
tägl. ab 12, Küche bis 22

Bei schönem Wetter sehr begehrt, deshalb ist Reservierung unbedingt erforderlich, vor allem an Sonn- und Feiertagen! Außerdem empfiehlt es sich, will man in Ruhe speisen und aufmerksam bedient werden, vorher anzufragen, ob nicht ein Fest stattfindet.

Wiener Schnitzel

In ganz Berlin steht es auf der Karte, aber hier wird es mustergültig zubereitet: Nicht zu dünn geschnittener Kalbsrücken, gesalzen und gepfeffert, leicht in Mehl gewendet, durch verquirltes Ei gezogen, mit Semmelbroseln paniert. Sofort in die Pfanne mit Butterschmalz gelegt und knusprig gebacken: Genießers Traum!

In der »Remise« wird auf Kurland von KPM aufgetischt. Die Zitronenhälften, aus denen man sich das vorbildlich gebackene Schnitzel mit erfrischendem Saft beträufelt, sind in Mull gehüllt, um die Kerne zurückzuhalten.

Sanssouci und Alltagssorgen

Potsdam, Hauptstadt des Landes Brandenburg, das Berlin vollkommen umschließt. Eigentlich wäre es durchaus sinnvoll gewesen, die Hauptstadt der Bundesrepublik mit dem Land Brandenburg zu vereinen. Aber das wollten die Brandenburger nicht – sie hatten wohl Angst, dass dann nicht Potsdam, sondern Berlin das Sagen gehabt hätte, sie also von der Millionen-Metropole geschluckt worden wären. Dabei hatten sie sich doch jahrhundertelang blendend geschlagen: Preußens Könige hielten schließlich gern und unbekümmert in Potsdam Hof!

Bereits 1660 wurde das bis dahin eher unbedeutende Potsdam vom Großen Kurfürsten zur zweiten Residenz erkoren und entwickelte sich zu einer prunkvollen Barockstadt abseits des preußischen Zentrums Berlin. Potsdam hat im Krieg schwer gelitten, weit mehr aber unter dem ideologischen Wahn der DDR: Das prächtige Stadtschloss, das man durchaus hätte erhalten und wieder restaurieren können, wurde kurzerhand beseitigt und durch einen öden Aufmarschplatz ersetzt. Meinte man damit die »preußischen Tugenden« Disziplin, militärischen Drill und Soldatentum zu liquidieren? Wie in Berlin fehlt dadurch der wahre Mittelpunkt der Stadt, auf den sich alles bezog. Inzwischen, man ist Berlin hier voraus, hat der Stadtrat beschlossen, dass das Schloss wieder aufgebaut werden soll …

Einzigartig ist Potsdam freilich durch seine erhalten gebliebenen Schlösser: Sanssouci, das Juwel Friedrichs des Großen, wo er ohne Sorgen (sans souci) weilen wollte, war schon zu Zeiten der DDR restauriert worden. Jetzt ruht auch Friedrich wieder dort, neben seinen Hunden. Das von Georg Wenzeslaus von Knobelsdorff von 1745–47 über einem großzügig terrassierten Weinberg errichtete Schloss ist mit nur einem Geschoss

Sanssouci wie es jeder kennt: Das zauberhafte Schloss Friedrichs des Großen über der majestätischen Treppe. Oben das Neue Palais im Schlosspark, zur Unterbringung der Gäste. Ganz links der Blick vom Charlottenhof auf den Rosengarten, links im Hintergrund nochmals der Charlottenhof, vorne die Schinkelschen Bänke aus Gusseisen.

und 97 Metern Länge relativ bescheiden im Vergleich zu den riesigen Prachtanlagen, die sich die absolutistischen Fürsten ganz Europas in Nachahmung von Versailles abseits ihrer Residenzstädte bauten. In seinem als »friderizianisches Rokoko« bezeichneten Stil strahlt Sanssouci französische Eleganz und süddeutsche Heiterkeit, preußische Harmonie aus. Es ist zugeschnitten auf den sensiblen, aber gegen sich selbst strengen ersten Diener seines Staates, der als intellektuell und künstlerisch interessierter Monarch wenig Sinn für die oberflächliche Prunkerei der sich ständig selbst inszenierenden Gesellschaft anderer Fürstenhöfe hatte. Er bevorzugte die kleine Runde, das Gespräch mit dem Philosophen Voltaire, spielte die Flöte und lauschte der Kammermusik. Er sammelte Bilder der ersten Künstler seiner Zeit und baute dafür eine eigene Galerie neben dem Schloss. Er ließ den größten Park Europas anlegen mit streng gestalteten und natürlich belassenen Bereichen, mit Brunnen und Fontänen, Teichen und Tempeln, Putten und Plastiken, Lorbeer und Feigen, Orangen- und Zitronenbäumen. Im prächtigen Neuen Palais entstanden die Räume für die gesellschaftliche Re-

Fortsetzung auf Seite 171

»Wenn der Sommer schon im Mai kommt, wächst der Spargel jeden Tag soooo lang ...« Allerdings fällt dann auch der Preis, und die Spargelbauern sind gezwungen, ihre Ware zu verramschen – in den letzten Jahren sind die Anbauflächen schließlich enorm gewachsen! Das traditionelle Spargelgebiet um Beelitz war vom DDR-Regime total umfunktioniert worden, denn Spargel galt als Luxus, ein dekadentes Gemüse der Kapitalisten. Nach der Wende machten sich viele Bauern Hoffnung, lukrative Gewinne einfahren zu können: Billige Arbeitskräfte aus Polen und der große Markt der neuen Hauptstadt schienen viel versprechende Grundlage.

Auf dem Bassin-Platz in Potsdam, zwischen katholischer Kirche und Holländischem Viertel, ist jeden Samstag Markt: Hier findet man die berühmten mehligen Kartoffeln aus der brandenburgischen »Streusandbüchse«. Friedrich II., der listige Alte Fritz, hatte sie zum begehrenswerten Nahrungsmittel gemacht, indem er ein Kartoffelfeld von Soldaten bewachen ließ – erst dann glaubten die Bauern an den Wert der unscheinbaren Knollen! Bemerkenswert außerdem: eine Vielfalt von alten Apfelsorten.

Doch die Schwierigkeiten wurden unterschätzt, das Know-how musste erst mühsam erarbeitet werden. Bodenaufbereitung, Unkraut- und Schädlingsbekämpfung, Düngung und schließlich auch die Qualitätskontrolle nach den im Westen gewohnten und vorgeschriebenen, höchst anspruchsvollen Normen musste man beherrschen lernen. Nun, da die Mühen Erträge zu bringen versprechen, droht neue Gefahr: Die Polen machen mit eigenem Spargel den Markt streitig. Doch auch sie haben noch mit der Qualität Probleme. Die polnische Konkurrenz beginnt man langsam auch im Spreewald zu fürchten. Denn die klassischen Spreewälder Spezialitäten – eingelegte Gurken, Sauerkohl, mit Sauerteig gebackenes Brot, kräftig gewürzte Würste und Fleischkonserven – werden auch in Polen hergestellt und zu noch günstigeren Preisen angeboten. Aber Spitzenqualität (wie vom Bauer Opitz, siehe Bild oben, der auch wunderbares Brot bäckt!) wird sich behaupten können. Und die kann man auf dem Potsdamer Markt finden.

Aus Ribnitz in Mecklenburg kommt Dirk Kammer angereist, um seine hausgemachten Nudeln in Potsdam zu verkaufen: Es gibt sie mit und ohne Ei, mit Dinkel und Buchweizen, als feste Vollkornnudeln oder weiche Spätzle, gewürzt mit Steinpilz oder Knoblauch, Brennnesseln oder Basilikum, Tintenfisch oder Schokolade! Eine wahrhaft bunte Mischung, die nicht nur Kinder glücklich macht …

Hausschlachtene Wurstkonserven
Opitz
Hauptstraße 60 a
01906 Schönbrunn bei Bischofswerda
Tel: 035 94 / 70 76 85

Ribnitzer Nudeln
18311 Ribnitz
Tel: 038 21 / 89 53 33
www.hausgemachte-nudeln.de

Oben: Im malerischen Holländischen Viertel haben sich Antiquariate und Antiquitätengeschäfte angesiedelt, Einrichtungs- und Küchenläden, Cafés und Restaurants, Künstler und Handwerker.

Unten: Enka Schwabe betreibt zwar ein Antiquitätengeschäft. Aber ihre eigentliche Spezialität sind aufwendig gefasste und mit altem Schmuck verzierte Straußeneier, die sie sich hat patentieren lassen.

Tafelfreuden: Im Geschäft von Karin und Vivian Reimann gibt's alles, was damit zu tun hat – Wäsche, Service, Bestecke, Gläser und Dekorationen.

Fortsetzung von Seite 167
präsentation, ohne die es freilich nicht ging: Hoftheater, marmor- und muschelbesetzter Grottensaal, Galerien und Kabinette ... Gegenüber die Comuns, kaum weniger prächtige Gebäude, in denen die Bediensteten arbeiteten, um dem Hunde liebenden König und seinem Gefolge ein sorgenfreies Leben zu ermöglichen (wenn dies denn trotz der vielen Kriege und politischen Streitigkeiten möglich war).
Hinter Sanssouci stehen die beiden anderen Potsdamer Schloss-Park-Ensembles etwas zurück – zu Unrecht: Das für den späteren Kaiser Wilhelm I. nach Plänen von Schinkel im neugotischen Stil erbaute Schloss Babelsberg in einem von Lenné und Fürst Pückler gestalteten Landschaftsgarten ist durchaus einen Besuch wert. Und wenn die Renovierung des für Friedrich Wilhelm II. erbauten Marmorpalais von Gontard und Langhans in Bälde abgeschlossen sein wird, dürften auch die Neuen Gärten mit Schloss Cäcilienhof eine neue Attraktivität gewinnen.
Mehr freilich bleibt in Potsdam selbst zu tun! Das Holländische Viertel konnte nach dem Dornröschenschlaf des Verfalls wieder belebt werden. Einige der ehemals königlichen Bauten sind in altem Glanz erstanden und geben der durch unsinnig in die Gegend gestellte Neubauten verschandelten Stadt ein etwas freundlicheres Gesicht. Auch in der Berliner Vorstadt und längs der Havel wurden inzwischen viele Villen restauriert. Aber bis wieder ein geschlossener Eindruck entsteht, wird es noch dauern. Immerhin lässt es sich hier prachtvoll wohnen – und Berlin ist über die wiederhergestellten oder neu geschaffenen Verkehrsanbindungen schnell zu erreichen.

Wer Potsdam gründlich kennen lernen will, kann gegenüber dem Holländischen Viertel im Hotel »Voltaire« nächtigen. Ein modernes Haus in einem ruhigen Innenhof hinter dem liebevoll renovierten Palais Brühl mit angenehmen und preiswerten Zimmern. Vom Dachgarten schöner Blick auf Schinkels Nikolaikirche. Unten: Neben dem Holländischen Viertel bieten einfache, aber stimmungsvolle Cafés, Restaurants und Biergärten Labung.

Eine unglaubliche Geschichte: Eine schöne junge Frau, glamouröser Operettenstar in Berlin, und ein erfolgreicher junger Mann, Flugzeugfabrikant, verliebten sich. Sie bauten sich ein hübsches, kleines Schloss als Liebesnest, und sie hätten vergnügt und glücklich leben können ... Aber der Flugzeugfabrikant war Jude und musste Deutschland verlassen. Zunächst versuchte die Sängerin, das Schlösschen als Kurhotel zu halten, dann beschlagnahmten die Russen das Haus, und schließlich befand es sich mit einem Mal jenseits der Grenze.

Als viel später die Mauer fiel, wollte die Enkelin der schönen Frau endlich sehen, wovon ihre Großmutter so oft erzählt hatte. So kam Cora von dem Bottlenberg nach Schloss Golm. Schrecklich sah die ehedem elegante, im klassizistischen Stil erbaute Villa aus: dick mit dem typischen braunen Ost-Putz zugekleistert, ziemlich marode und verwahrlost. Aber sie hatte Glück und konnte das Anwesen zurückkaufen. Sie wollte die Tradition der Großmama wieder aufnehmen und ein kleines Landhotel mit guter Küche darin einrichten. Allerdings hatte weder sie noch ihre Freundin Swetlana Minkow Ahnung von Gastronomie. Ihr Geld verdienten sich beide als Gesangsduo. Jetzt also restaurierten sie nach und nach den Besitz, richteten Gästezimmer ein, mit bescheidenen Mitteln, aber mit Geschmack und Charme. Die Räume im Erdgeschoss wurden zum Restaurant. Zunächst übernahm Cora in der Küche die Regie, inzwischen hat sie diese Aufgabe jedoch einem Koch mit seinen Mitarbeitern anvertraut. Improvisation hat zwar ihren Reiz, aber die Gäste wissen Professionalität zu schätzen. Das Haus empfiehlt sich vor allem für Feste, Geburtstage, Hochzeiten (»Es muss Glück bringen, bei uns zu heiraten«,

Das kleine, klassizistisch anmutende Schlösschen steht auf einer großen Wiese, die direkt ans Wasser grenzt, sehr romantisch! Es herrscht eine ungezwungene Atmosphäre. Die Gäste rücken sich Tisch und Stühle dorthin, wo sie gerne sitzen wollen, in den Schatten der riesigen alten Bäume oder lieber ins wärmende Licht.

Idylle am See

lacht Cora, »bisher haben wir noch keine Scheidung zu beklagen, dafür schon eine Reihe von Taufen hinterher gefeiert!«) und Firmen-Events. Die Location ist aber auch in der Tat phantastisch: Die inzwischen entzückend herausgeputzte Villa steht allein und verwunschen am Ufer des großen Zernsees – wenige Kilometer westlich von Potsdam. Und der Kurfürstendamm ist keine halbe Stunde weit entfernt!

Rhabarberkuchen

Er wird an Wochenenden blechweise gemacht und findet reißend Absatz: ein eireicher Rührteig wird auf das mit Backpapier belegte Blech gestrichen und dicht mit Rhabarberstücken besteckt. Bei mittlerer Hitze backen, dabei geht er dank der vielen Eier schön auf und wird herrlich locker. Natürlich schmeckt er noch eben warm am besten!

Hotel-Restaurant
Gut Schloss Golm
Am Zernsee 1
14476 Golm
(bei Potsdam)
Tel und Fax:
03 31 / 50 05 21
Do–So ab 12

Maischolle

In diesem Monat sind die Schollen besonders gut herausgefüttert, dann schmecken sie am besten. Der gewaschene, ausgenommene Fisch wird einfach in Mehl gewendet (nur ein hauchzarter Film sollte ihn überziehen) und in Butterschmalz langsam gebraten. Mit frischer, sanft gebräunter Butter und einer Zitronenhälfte servieren. Dazu schmecken Salzkartoffeln und grüner Salat.

Vor den Toren der Stadt

Zehn alte Webstühle stehen in der Leinenweberei, gewaltige Anlagen, die zu bedienen es des vollen Körpereinsatzes bedarf. Faszinierend, zu beobachten, wie das ausgeklügelte System von Kette und Schuss schließlich ein makelloses Gewebe ergibt. Und wie schnell das geht! Der älteste Webstuhl des »Aktiven Museums« ist mehr als 300 Jahre alt, er funktioniert noch heute so perfekt wie ehedem. Wer Lust hat, kann nicht nur die hier produzierten Stoffe kaufen, sondern in Kursen sogar lernen, sie auch selbst herzustellen.

In der Gegend südwestlich von Berlin, wo die Havel sich zum Seengebiet verbreitert, liegt zwischen dem Großen Zernsee und dem Templiner See Geltow, ein kleiner Ort, so richtig ländlich und bescheiden. Die Häuschen, die sich entlang der holprigen Straßen in die Vorgärten ducken, sind so niedrig, dass man fürchtet, kaum aufrecht darin stehen zu können. Besonders hübsch herausgeputzt ist ein gelbes Haus mit blau gestrichenen Fensterläden. Es fällt auch wegen der üppigen Stockrosen auf, die davor wuchern. »Handweberei-Museum« verrät ein Schild. »Aktiv« nennt es sich mit Recht, denn die uralten Webstühle sind allesamt noch in Betrieb. Die Bauhauskünstlerin Henni Jaensch-Zeymer hatte den »Webhof« 1939 gegründet. Handwebmeisterin Ulla Schünemann, die hier aufgewachsen ist, übernahm den Familienbetrieb vor mehr als 20 Jahren und führt ihn in der alten Tradition fort. Zusammen mit Designern, Architekten und Denkmalpflegern werden hier Stoffe aus Leinen, Wolle, Baumwolle

und Seide entworfen und hergestellt, nach Wunsch auch zu Kleidern verarbeitet, zu Gardinen oder Möbelbezügen. Im kleinen Laden wird fertige Tisch- und Küchenwäsche verkauft, passend dazu ist das wunderschöne Keramikgeschirr der Hedwig Bollhagen im Angebot – für alle, die nicht die Zeit haben, sie selber zu besuchen, was auf alle Fälle lohnt! Ziemlich gewichtig, aber einfach großartig sind die Gegenstände aus dem berühmten Berliner Gusseisen, ein Material, das Schinkel so sehr liebte – im Bild der Nachguss eines Sessels nach seinem Entwurf, ein ebenso formvollendetes wie unverwüstliches Gartenmöbel! Seit 1725 fertigt die Kunstgießerei Lauchhammer derartige Objekte an, bis heute, auch in handlicherem Format, vom Leuchter bis zum Brieföffner.

Handweberei
Henni Jaensch-Zeymer
Am Wasser 19
14542 Geltow
Tel: 0 33 27 / 5 52 72
Fax: 0 33 27/5 62 89
von Februar
bis Dezember
Di–So 11–17

Kunstgießerei
Lauchhammer
Freifrau-von-
Löwebdahl-Str.
01979 Lauchhammer
Tel: 0 35 74 / 8 85 10
Fax: 0 35 74 / 88 51 20
e-mail:kunstguss
@t-online.de

Keramik
Hedwig Bollhagen
01421 Marwitz
bei Velten
Tel: 0 33 04 / 3 98 00
Fax: 0 33 04 / 39 80 10

Wachtelberg: Sandwein aus der

Die kleine Stadt Werder inmitten der Seenlandschaft der Havel westlich von Potsdam ist das Zentrum des Obstbaus vor den Toren Berlins. Beerenobst, Äpfel und Kirschen gedeihen hier prächtig. Seit 1850 fahren die Berliner im Frühling nach Werder und feiern dort die Baumblüte.

Jahrhundertelang allerdings war die Region für ihren Weinbau bekannt; der Große Kurfürst schätzte die Werderaner Weine besonders, die, wie sein Leibarzt J. S. Elßholtz trefflich beschreibt, »... auf klaren Sandhügeln wachsen und daher zwar nur leichte Weine sind, aber doch keine zusammenziehende Säure, sondern vielmehr nur angenehme Lindigkeit, bevorab in guten Weinjahren haben«. Genau so schmecken die Weine, die heute wieder an der Havel angebaut werden – auf dem nördlichsten klassifizierten Weinberg der Welt!

Zisterziensermönche hatten im Mittelalter hier mit dem Weinbau begonnen, doch mit der im 18. Jahrhundert aufziehenden »Kleinen Eiszeit« ging er zurück. 1985 beschloss die »Gärtnerische Produkti-

ohen Norden

onsgenossenschaft Obstproduktion Werder«, diese Tradition wieder zu beleben: Am Wachtelberg wurde Müller-Thurgau gepflanzt. 1989 gab es die erste Ernte, der Wein wurde, wie auch heute noch, im Landesweingut Kloster Pforta (Saale-Unstrut, der Wachtelberg gehört kurioserweise auch weinrechtlich zu diesem Gebiet!) ausgebaut. Mit der Wende ging es aber schon wieder bergab. Erst seit 1996, als der Obstbauberater Dr. Manfred Lindicke die Bewirtschaftung übernahm, wird der Weinbau auf dem inzwischen über fünf Hektar großen Wachtelberg wirklich professionell betrieben, gewannen die Weine ansprechende Qualität. Und die Werderaner feiern wieder ein ureigenes Frühlingsfest – im Weinberg!

Obst- und Weinbau
Lindicke
Kölner Straße 16
14542 Werder (Havel)
Tel: 0 33 27 / 4 46 70
Fax: 0 33 27 / 4 95 42

Im Sommer entsprechen Sonnenschein und Niederschläge etwa den Werten Würzburgs. Die Winter sind härter und länger, Spätfroste dem austreibenden Wein weniger gefährlich. Der Sandboden erwärmt sich schneller, und die umliegenden Havelseen sorgen für ein günstiges Kleinklima. Manfred Lindicke, der badische Winzer theoretisch berät, wurde von diesen wiederum in der praktischen Arbeit angestachelt. Heute produziert er mit seiner Frau 40 000 Flaschen, 1999 erstmals auch Rotwein (Dornfelder und Regent).

Die von märkischer Armut und sozialistischer Tristesse geprägten Dörfchen Brandenburgs zeigen selten die Idylle versunkener Zeiten. Meist sind sie von barackenähnlichen, graubraun verputzten Gebäuden beherrscht und bar jeglicher Romantik. Das Örtchen Wildenbruch, südlich von Berlin jenseits des Autobahnrings, ist eine Ausnahme. Der Dorfkern ein hübsches Ensemble von Kirche, Pfarrhaus, Dorfkrug, dazwischen das ehemalige Schulhaus mit dem Schulgarten, die Straße gepflastert, die Backsteinfassaden herausgeputzt – ein Schauplatz, so recht als Filmkulisse für ein Stimmungsbild aus Fontanes Zeiten. Als der Potsdamer Ralf Weißmann vor zehn Jahren hierher kam, sah es noch anders aus. Das Gasthaus war eine Bruchbude, der Stall dahinter verrottet, der Garten eine Müllhalde. Aber er erkannte das Potenzial, das sich hier verbarg, und wusste, dass er vor der Haustür Berlins über ein geradezu unerschöpfliches Publikum verfügen würde, wenn er es schaffen könnte, die Menschen herauszulocken. Ideen hatte er genug! Flugs sattelte der quirlige Dachdecker um und wurde Wirt. In einem Crash-Kurs eignete er sich die nötigen Kenntnisse an, stellte Leute ein, von denen er noch lernen konnte, und entwickelte Programme. Passend zur Jahreszeit ließ er sich für jede nur denkbare Gelegenheit etwas einfallen: vom Valentinsmenü für Verliebte bei Kerzenschein bis zum Schlachtfest, zu dem die Städter so gerne kommen; mal lädt er zum Märkischen Krebsessen, dann zum Spargelfest, ein anderes Mal werden Ostereier gefärbt oder ein riesiges Erntefeuer entfacht. »Man muss für die Menschen den Misthaufen inszenieren, der nicht stinkt. Dann kommen sie S-Bahn-weise«, hat Weißmann erkannt. Und weil er das meisterlich beherrscht, braucht er Gästemangel nicht zu fürchten.

Ein Dorfkrug, wie man ihn aus der guten alten Zeit in Erinnerung hat – als sei die Zeit einfach stehen geblieben. Der Eindruck täuscht: Als Ralf Weißmann den Laden übernahm, war es, wie er drastisch beschreibt, »ein sozialistischer Schrotthaufen«. Inzwischen ist alles hübsch ländlich herausgeputzt, die namensspendenden Linden vor dem Haus sind gestutzt, aus vier Stationen wird Bier gezapft, denn dauernd ist was los.

Hinaus aufs Land – »Zur Linde«!

Der Spieß wird nach alter Art von Hand gedreht, dabei muss das Schwein immer wieder mit Wasser befeuchtet werden, damit das Fleisch schön knusprig, aber nicht trocken wird. Die Hochzeitstorte, die Wirt Weißmann präsentiert, stammt vom einstigen Potsdamer Hofkonditor Rabien, dessen Baumkuchen als der beste weit und breit gilt. Vor dem Tor steht erwartungsvoll das Servierpersonal aufgereiht, um die Gäste zu begrüßen. Der Hausherr weiß, was er seinem Hochzeitspaar schuldig ist – ein Orakel zum künftigen Glück: Der Holzstamm ist über Nacht gewässert worden, die Säge stumpf, beides muss sein, damit das Brautpaar sich schwer tut beim Zersägen. Daran, wie die zwei sich dabei anstellen, schwört Weißmann, lässt sich ablesen, ob die Ehe glücklich und von Dauer sein wird ...

Gasthof
Zur Linde
Kunersdorfer Straße 1
14552 Wildenbruch
Tel: 03 32 05 / 6 23 79
Fax: 03 32 05 / 4 56 40
tägl. 12–23

Konditorei
Rabien
Klingsorstraße 13
12167 Berlin-Steglitz
Tel: 0 30 / 7 91 65 95
Fax: 0 30 / 7 91 81 17
Mo–Fr 9–18, Sa 9–14, So 13–16

Im Hof des Dorfgasthauses lässt es sich gut feiern. Hier findet eine Hochzeit statt – die Kirche steht genau gegenüber, wie es sich gehört. Nach der Trauung gibt's erst einmal Kaffee und Kuchen, während längst das Wildschwein über dem Feuer röstet.

Teltower Rübchen, Havelzander, Kreb

Ob Berliner oder Märker: von der traditionellen lokalen oder regionalen Küche halten sie wenig! Fast alle sind sie dem fatalen Irrtum verfallen, es sei immer so gekocht worden wie in den letzten 50 Jahren ... Und bedenken dabei nicht, was zwei verlorene Kriege, Inflation, Massenarbeitslosigkeit, das Dritte Reich (Kanonen statt Butter!) und der erste Bauern- und Arbeiterstaat auf deutschem Boden angerichtet haben! Nicht, dass alle Menschen in Preußen stets gut und genügend zu essen bekommen hätten! In den Hinterhöfen der Mietskasernen und auf dem kargen Sand gedieh keine Kochkunst – da musste jeder sehen, wie er satt wurde ... Aber wohlhabende Bürger und Großgrundbesitzer speisten natürlich erlesen, wie man bei Fontane oder Kerr leicht nachlesen kann.

Grundlage waren, auch das kann man bei Fontane erfahren, die hervorragenden Zutaten, die Wasser und Land rund um Berlin produzierten. Sein Gedicht »Das Land Goosen« zählt die kulinarischen Genüsse auf: Schwarzwild, Hirsch und Reh, Spargel, Dill und Morcheln, Teltower Rüben, Graupen, Honig und Milch, Kirschen und Aprikosen, Hammel, Butter und Krebse – 1930 kosteten 60 Stück nicht mehr als heute einer! Es gibt sie nur noch selten, und es sind auch nicht mehr die dicken europäischen Edelkrebse, sondern kleine »Amerikaner«. Havelzander, der über Sandboden schwimmend besonders wohlschmeckend gerät, muss damals so alltäglich gewesen sein, dass er Fontane nicht mal in den Sinn kam. Heute steht er zwar auf allen Speisekarten, aber so viele gibt die Havel gar nicht her!

Teltower Rübchen galten in Paris als außerordentliche Delikatesse – heute sind sie leider nur kaum mehr zu bekommen. Bauer Walter Bathe bietet mit seinen Gatower Kugeln erfreulichen Ersatz. Er hat sich auch um den beschädigten Ruf der Kartoffel verdient gemacht: Bei ihm gibt es nicht das als Sättigungsbeilage zu Recht verachtete Viehfutter, sondern delikate Knollen: sattgelbe, vollfleischige Quarta, durch und durch blaue Truffes de Chine (die weitaus besser schmecken als die wesentlich teureren, in Berlin so

Krebse

Gehackte Zwiebel in Butter andünsten, trockenen Weißwein angießen, aufkochen und die Krebse darin partienweise kurz kochen. Zum Schluss alles salzen und pfeffern, einige Minuten mit Deckel ziehen lassen. Nach Belieben mit Kümmel oder Dill würzen.

nd Kartoffeln

Links: Klaus Gabriel zeigt stolz seine aus der Havel gefischten Krebse.
Rechts: Fährhaus Caputh, eine beliebte Adresse direkt am Wasser für Fisch-Fans.
Unten: Die glücklichen Hühner vom Carolinenhof.
Ganz unten Bauer Walther Bathe und sein Sortiment von »Berliner Kartoffeln«.

beliebten Violettes aus Frankreich), köstlich mehlige Désirée (bei deren Genuss man nicht umhinkommt, an Matthias Claudius' Ode auf die Kartoffeln zu denken: »Schön rötlich die Kartoffeln sind, und weiß wie Alabaster ...«) und die delikaten Hörnchen, die jede französische »Ratte« in den Schatten stellen. Die Grundprodukte für eine gute Küche sind also vorhanden. Man muss sie nur richtig einsetzen!

Kartoffelsalat

Den exotischen Kartoffelsalat kann man als Vorspeise servieren – gut auch zu Matjes, zu gebratenem Fisch oder gegrilltem Fleisch. Truffes de Chine in der Schale kochen, etwas abkühlen lassen. Schälen, in Scheiben schneiden und diese mit Frühlingszwiebel, Petersilie oder Borretsch (blaue Blüten!), Salz, Pfeffer, Apfelessig und Olivenöl anmachen.

Havelfischerei
Markus Liptow & Klaus Gabriel
Fährstraße 16
13503 Berlin-Heiligensee
Tel: 030/3043447
Fax: 030/3043951
Do–So + feiertags 9–14
Im Sommer Krebse; jede Menge erstklassige Havelfische, je nach Fang!

Fährhaus Caputh
Straße der Einheit 88
14548 Caputh
Tel: 033209/70203
tägl. 12–22

Landgasthaus Hotel
Mühlenberg
Phöbener Straße 10
14476 Alt Töplitz
Tel: 033202/60318
tägl. 16–23,
Sa, So + feiertags 12–23
Zwischen Datsche und Dorfkrug. Grillspezialitäten, im Sommer Krebse!

Carolinenhof
Gatower Straße 242
14089 Berlin-Gatow
Tel: 030/3615005
Mo–Sa 8.30–18;
So 8.30–13
Fleisch und Wurstwaren, Eier, Hühner!

Bauer Bathe
Straße 264
14089 Berlin-Gatow
Tel. 030/369969-0
Fax: 030/369969-10

Das Sportparadies vor den Toren Berlins

Der Scharmützelsee, keine Autostunde weit entfernt südöstlich von Berlin im märkischen Seengebiet gelegen und auch mit der Bahn bequem zu erreichen, war bereits in den zwanziger Jahren ein beliebtes Ausflugsziel. Dass sich heute am Westufer eines der größten und schönsten Ferienressorts des ganzen Landes ausbreiten kann, hat mit dem Fall der Mauer und mit jenem schmalen Zeitfenster zu tun, das sich damals ab und zu öffnete und uns auch die Wiedervereinigung bescherte. In dieser Zeit wurden Pläne für eine Freizeitanlage genehmigt, die nur wenig später niemand mehr zugelassen hätte – die gesamte Region ist mittlerweile zum Landschaftsschutzgebiet erklärt. So ist der »Sporting Club Berlin« in einer einmaligen Lage: Auf ungefähr 300 Hektar bietet er nicht nur ein komfortables Hotel mit 200 Zimmern und Suiten sowie luxuriöse Ferienwohnungen, die zu kaufen oder zu mieten sind; noch bemerkenswerter sind die ebenso umfangreichen wie perfekten Anlagen für vier verschiedene Sportbereiche: Golf, Reiten, Tennis und Wassersport.

Da sind zunächst die beiden hochgepriesenen 18-Loch-Golfplätze: Der Nick-Faldo-Kurs, benannt nach dem britischen Golf-Star, der den Platz nach englisch-schottischer Art gestaltet hat, den Fachleute zu den Top-Ten-Plätzen Europas zählen, sowie der Arnold-Palmer-Kurs, inspiriert von dem legendären amerikanischen Golfspieler. Ein dritter Kurs ist im Bau; er soll von Bernhard Langer, dem erfolgreichsten deutschen Golfprofi, ausgearbeitet werden. Und schließlich gibt es noch einen kleinen

Der Sporting Club liegt am Westufer des Scharmützelsees, dem größten See im gewässerreichen Lande Brandenburg. Für die Segelfreunde ist interessant, dass während der Saison Winde zwischen 3 und 4 Beaufort die Regel sind, vorwiegend in südwestlicher Richtung; das macht Windritte über die gesamte Länge des »Märkischen Meeres« möglich. Eine Windbö, wie auf dem Photo rechts über dem im Bau befindlichen Silberberg-Golf-Kurs, ist jedoch eher selten, bietet aber mit dem Sand, den sie aufwirbelt, ein spektakuläres Bild.

Kempinski Hotel
Sporting Club Berlin
Bad Saarow
Parkallee 1
15526 Bad Saarow
Tel: 03 36 31 / 60
Fax: 03 36 31 / 6 20 00
www.Kempinski-saarow.de

Scharmützelsee Golfhotel & Sportanlagen GmbH
Friedrich-Engels-Damm 300
15526 Bad Saarow
Tel: 03 36 31 / 6 35 00
Fax: 03 36 31 / 6 35 10
www.sporting-club-berlin.com

Da lacht das Seglerherz – an der Seebrücke liegen die Boote der Yacht Academy. Kurse auf den unterschiedlichsten Schiffstypen sind möglich, aber natürlich auch Windsurfen und Tauchen. Anfänger sind ebenso willkommen wie passionierte (Fast-)Profis.

Vom Zimmerbalkon, auf dem man sich das Frühstück servieren lassen kann, hat man einen wunderschönen Blick auf den von Kiefern gesäumten Scharmützelsee mit seinen Bootsstegen. Davor lugt das Dach des Bootshauses mit dem Restaurant »Windrose« hervor und zu Füßen der Swimmingpool, umgeben von weißen Liegen und Sonnenschirmen.

draußen. Aber auch einfach spazieren reiten auf gut 120 Kilometer Reitwegen durch die einsame märkische Landschaft – alles ist möglich. Schließlich der Wassersport: Die Yacht Academy des ehemaligen nationalen Meisters Axel Schmidt, Trainer des Deutschen Segler-Verbandes, bietet Training, Kurse und Regatten.

Aber auch für alle, die nicht ganz so sportlich gesonnen sind, ist gesorgt: Es locken die verschiedenen Restaurants und eine vielfältige Badelandschaft mit allerlei Fitnessmöglichkeiten. Hier kann man sich tüchtig durchwalken oder im Beautycenter auch nur verschönern und verwöhnen lassen ...

Sattes Grün, hohe, filigrane Birken und Akazien (Robinien) in voller Blüte – ihr Duft ist so betörend, dass er die Golfer vom rechten Kurs abbringen könnte. Aber das ist ja nur für kurze Zeit im Frühjahr so. Später im Jahr weiß man den Schatten der Bäume sehr zu schätzen.

Aufrechte Haltung ist im Sattel angesagt, das muss man üben. Und so manche Reiterin ist froh, wenn noch keine Zuschauer die Tribüne bevölkern. Unten: Wenn so viele Bälle das Spielfeld bedecken, geht es noch nicht um Satz und Punkte! Aber auch Steffi hat schließlich mal klein angefangen ...

Platz mit neun Löchern, der jedermann offen steht, damit auch die Anrainer Lust auf Golf entwickeln können. Tennis-Freaks stellt Nick Bollettieri mit seiner Tennis Academy zufrieden. Sechs Hallen, ebenso viele Außen- sowie zwei Rasenplätze stehen für Kurse, Turniere und Trainingsstunden zur Verfügung. Den Reiterfreunden dürfte im Alwin-Schockemöhle-Pferdesport-Zentrum das Herz aufgehen. Unterricht, Ausritte, Dressur, Turniere und Meisterschaften, mit dem eigenen oder mit Leihpferden, in einer Reithalle von olympischen Maßen oder auf dem ebenso dimensionierten Turnierplatz

Der Sporting Club verfügt über mehrere Restaurants: In den einzelnen Sportzentren geht es um schnell zubereitete Speisen für die Stärkung, während im Hotelbereich höhere Anforderungen gestellt werden. Im »Lakeside« mit seiner großen Terrasse scheint man noch nach einem schlüssigen Konzept zu suchen: Abends gelingt die solide, österreichisch-bürgerliche Küche mit internationalem Einschlag ganz gut, doch mittags und um die Kaffeezeit geht es eher wie in einem einfachen Ausflugslokal zu. Die elegante »Windrose« erfüllt durchaus gehobene Ansprüche, doch können die Weine zu den Fischgerichten nicht so recht mithalten.

Erdbeer-Variationen

In der klassischen Frühlingskombination mit Rhabarber. Dieser ist von verblüffend fester Konsistenz: Er wurde geschält, in schräge Stücke geschnitten und in kochenden Zuckersirup gelegt. Neben dem Feuer durfte er darin abkühlen – dadurch behält er seine Form, ist gar, aber noch angenehm bissfest. Die Kompottstücke wurden mit frischen Erdbeeren angerichtet. Daneben sitzt ein Erdbeersorbet (das gesüßte Püree in der Eismaschine gefrieren lassen) und ein Erdbeerparfait: Dafür wird Erdbeerpüree mit Gelatine versteift (auf 100 g 1 Blatt), nach Geschmack gesüßt und schließlich mit steif geschlagener Sahne aufgelockert.

Lachsforelle

Ein schöner Fisch, aus dem Scharmützelsee vor der Haustür geangelt, filiert und sehr behutsam auf der Haut gebraten. Sein Fleisch kommt gar nicht erst mit direkter Hitze in Kontakt und bleibt daher durch und durch saftig. Außer Salz und ein bisschen Bratbutter ist kein weiteres Gewürz mehr nötig, der Fisch hat genügend Eigengeschmack! Dazu gibt's – Frühling! – frischen Stangenspargel, dekorativ mit Lauchstreifen zum Bündel verschnürt, und junge Pellkartoffeln. Winzige Tomatenwürfelchen sind nicht nur als Farbklecks, sondern auch ihrer säuerlichen Frische wegen willkommen.

Wasserläufe und Sandbänk

Im Sommer fallen die Touristen scharenweise im Spreewald ein, wenn es warm ist, man draußen sitzen oder mit dem Kahn auf den »Fließe« genannten Flussarmen der Spree fahren kann – durch Wald und Flur, vorbei an verwunschenen Häusergruppen, Feldern mit Gurken und Kürbissen, Rhabarber, Meerrettich, Zwiebeln und Knoblauch, Dill und Kohl. Dann aber überfallen Schwärme von Mücken ihre Opfer, stechen und saugen, und empfindlichen Menschen vergeht die Lust

Der erste Storch ist angekommen! Gut, wenn man ihn entdeckt, wie er im Nest steht – das bringt Glück, heißt es hier. Sieht man ihn dagegen zum ersten Mal im Nest sitzend, soll das ganze Jahr nichts Richtiges werden …

Eingelegte Gurken, die Spreewälder Spezialität: Die Qualität der handwerklich eingelegten wie der industriell gefertigten Gurken ist inzwischen in ganz Deutschland zu einem Begriff geworden! Da gibt es zum einen die ausgewachsenen, in Stücke geschnittenen Gurken, die als Senf- oder süßsaure Gurken angeboten werden, zum anderen die kleinen, die entweder als Gewürzgurken in Essig eingelegt sind mit verschiedenen Kräutern und Gewürzen, oder als Salzgurken milchsauer vergoren – die früher in Berlin allgemein übliche »Saure Gurke«. Mit oder ohne Knoblauch und – wie die Gewürzgurken – in so vielen Varianten, wie es Hausfrauen und Firmen gibt!

m Urstromtal

Gisela Hönow holt die Aale zum Räuchern aus der Reuse, die im Teich hinter dem Haus hängt. Zunächst lässt sie in den mächtigen Eisenkästen für eine Stunde ein ordentliches Feuer prasseln, mit kräftiger Luftzufuhr. Sind die Öfen heiß, drosselt sie diese, die glimmenden Scheite werden mit Erlenholzspänen vom Drechsler bedeckt, etwas getrockneter Wacholder und Thymian darauf gestreut. Jetzt erst hängt sie die Forellen (Lachsforellen aus der Zucht), Welse, Aale oder Plötzen hinein und lässt sie etwa anderthalb Stunden lang ziehen und Geschmack annehmen – nur wenn die Temperatur moderat ist, bleiben die Fische saftig. Rechts ein toller Hecht!

Fischereibetrieb
Hönow
Lübbener Straße 3
15910 Neu Lübbenau
Tel: 03 54 73 / 6 59
Mo und Mi–Sa 9–18,
So nach Verabredung;
im Sommer Sa 14–16
am Köthener See

an der Natur. Anders im Spätherbst, Winter oder Vorfrühling, wenn keine Insekten die melancholische Stille stören und die so naturbelassen wirkende, aber doch in allen Teilen von Menschenhand gestaltete Wasserlandschaft sich in ihrem ganzen Reiz zeigt. Die kahlen Erlen spiegeln sich malerisch im klaren Wasser, die Kähne bilden mit Brücken, Häusern, Scheuern und Holzstapeln Bilder aus einer vergangenen Zeit, und die Bewohner, die traditionsbewussten Sorben, sind besonders freundlich ...
Durch den Braunkohletagebau in der Niederlausitz zu Zeiten der DDR war die Wasserqualität immer schlechter geworden, die Fischbestände hatten stark gelitten. Nach dem Bau von Rückhaltebecken und Kläranlagen haben sie sich inzwischen erholt, sodass man die berühmten Hechte, Zander, Barsche, Schleien und Plötzen in der kalten Jahreszeit bei den wenigen verbliebenen Berufsfischern fast immer zu kaufen bekommt (im Sommer geht das meiste gleich in die Gastronomie). Einer von ihnen ist Manfred Hönow in Neu Lübbenau, dessen Vater schon Fischer in der Genossenschaft war. Nach deren Auflösung nach der Wende hat er sich selbstständig gemacht und den Köthener See vom Land gepachtet. In seinen Teichen zieht er außerdem Aale, Amur- und Spiegelkarpfen, was fehlt, holt er aus der Niederlausitz und hältert die Fische bis zum Verkauf oder Räuchern lebend im Fließ.

Landgasthof
Zum grünen Strand der Spree
Dorfstraße 53
15910 Schlepzig
Tel: 03 54 72 / 66 20
Fax: 03 54 72 / 4 73
Hübsche, angenehme Zimmer, gute Fischgerichte. Die Spreewälder Sauce mit angedünstetem Gemüse ist hier nicht – wie sonst oft! – mit zu viel Mehl und wenig Sahne zu kleistriger Konsistenz verkocht. Kahnpartien möglich. Dazu gehört die ***Spreewälder Privatbrauerei 1788*** *mit gutem Zwickelbier und deftigen Brotzeiten.*
Tel: 03 54 72 / 6 62 51

Jagdschloss am See

Die Villa liegt auf einer Anhöhe in angemessenem Abstand vom See. »Kein Gast wird bei dieser Lage durch ein Glitzern des Wasserspiegels belästigt«, pries der Architekt seine eigene Umsicht bei der Planung. Uns sind heute solche Sorgen völlig unverständlich. Der Blick über den stillen See befriedet eher und gibt das Gefühl willkommener Ruhe.

Wer im Berlin der Kaiserzeit auf sich hielt, verfügte über ein standesgemäßes Wochenenddomizil, eine Villa oder sogar ein Jagdhaus. Alfred Kerr erklärt in seinem »Brief aus Berlin« vom 2. Juni 1895, warum: »Was ist der Mensch in Berlin, wenn der Monat Mai zuende geht? Ein geplagter Wurm, der Sand atmet und sich vor schlechter Luft und Hitze krümmt. ... alles trocken, nichts mehr frisch ... der Staub dringt in alle Poren ... Verlaß' Berlin!« ist daher das Motto, und wohl dem, der eine Jagdeinladung bekommen hat.

Wie ein solches Gesellschaftsereignis abläuft, erzählt Kerr seinen Breslauer Lesern so anschaulich wie vergnüglich: »Nachmittags besteigt man den Zug, ist in einer Stunde an Ort und Stelle, verbringt den Abend in vorzüglicher Stimmung bei

Die wunderschönen bleigefassten Glasfenster mit vielfältigen Jagdmotiven haben wie durch ein Wunder Krieg und DDR-Zeiten überstanden. Von röhrenden Hirschen über lächelnde Eichhörnchen sind des Waidmanns beste Freunde im ganzen Haus in vielfältiger Weise zu besichtigen.

Wären die Bäume im Park nicht mittlerweile so gewachsen, könnte man Vexierbildsuche spielen, mit dem Schloss Hubertushöhe heute und Photos von vor knapp hundert Jahren. Man würde kaum Unterschiede entdecken. Das eichenlaubverzierte Tor aus Schmiedeeisen wurde so sorgfältig restauriert wie die grünen Fensterläden, das Dach mit den gleichen Ziegeln neu gedeckt – nur das Gelb des Anstrichs ist vielleicht nicht ganz perfekt getroffen. Und der wilde Wein, der auf späteren Aufnahmen die Fassade überwuchert, muss noch wachsen!

Hotel »Hubertushöhe«

DREIERLEI VOM KANINCHEN

(Von links): Der Kaninchenbauch mit Armagnacpflaume und gehacktem Ingwer gefüllt und zum Rollbraten geschnürt. Sanft gebraten, kalt aufgeschnitten und mit einer Vinaigrette aus Feigenessig mariniert. Das Kaninchenfilet wurde vor dem Braten in hauchdünne Scheiben von luftgetrocknetem Tiroler Bauernspeck gehüllt; dann schräg längs halbiert und auf einem Bett von Rucolablättern angerichtet. Der ausgelöste Kaninchenrücken ist gebeizt, mit einer Currymischung, Salz und Pfeffer eingerieben und mit Orangenscheiben eingepackt, einen Tag kalt stellen; dann ebenfalls schräg aufschneiden. Zur Abrundung ein frittiertes Bärlauchblatt und Käsecracker: geriebenen Käse in der Pfanne backen, dabei Olivenringe aufsetzen.

gemeinsamem Mahle am Rande irgendeines Sees .... und wenn dann der Mond so sachte heraufgezogen kommt, bricht man auf, marschiert eine halbe Stunde und faßt an irgendeiner Lisière Posto, wo vorher der ›Wechsel‹ des Wildes auskundschaftet worden ist. Man legt sich ins Gras, das Gewehr schußfertig im Arm, ... man liegt und lauscht ... dann knallt und donnert es durch die Nacht ... ein Herr stammelt unartikulierte, schläfrige Laute. Das Abendessen war gut und reichlich gewesen ... Das sind Berliner Jagden.«

Sitzt man beim Lesen von Kerrs Schilderungen auf der Terrasse des Schloss Hubertushöhe, glaubt man, er beschreibe just diesen Ort. Die stattliche Villa mit Jagdinsignien allenthalben hatte sich um die Jahrhundertwende der Geheime Königliche Kommerzienrat Georg W. Büxenstein als Lust- und Wochenendhaus erbauen lassen. Er war eine der wohlhabendsten Persönlichkeiten der Stadt, seine Druckerei stellte unter anderem die Banknoten für die Reichsbank her, und selbstverständlich gehörte er zur Spitze der Gesellschaft. Sogar Kaiser Wilhelm II. besuchte seinen Freund Büxenstein in Storkow und war begeistert, die Ausstattung mit Schnitzwerk und Glasbildern von zünftigem Getier war so recht nach seinem Geschmack. Bis zum Ende der zwanziger Jahre war Hubertushöhe ein Ort für rauschende Soireen und glanzvolle Empfänge. 1935, als niemandem mehr der Sinn nach Feiern stand, erwarb die Firma Reemtsma das Anwesen, als Erholungsstätte für die Mitarbeiter. Im Krieg diente das Schlösschen als Lazarett, der Arbeiter- und Bauernstaat brachte eine Ingenieursschule für Binnenfischerei darin unter. Nach der

Wende kaufte Reemtsma das Anwesen zurück, ließ es aufwendig renovieren und zum noblen Landhotel ausbauen. 22 elegante Zimmer und Suiten bieten jeden Komfort, traumhaften Blick und inmitten der sanften märkischen Landschaft märchenhafte Ruhe. Ein unvergleichlich schöner Ort! Ebenbürtig das Restaurant »Windspiel«: Mit Küchenchef Kurt Jäger, der sich zuvor im Restaurant »Harlekin« einen Stern verdient hatte, setzte man höchsten Maßstab. Ein bescheidener, beharrlich nach Qualität strebender, perfekter Handwerker ohne Allüren. Seine Küche ist eine geglückte Mischung von Phantasie und Perfektion, verbindet Natürlichkeit mit Raffinement. Wie er bodenständigen Produkten mit asiatischen Düften eine neue Dimension verleiht und dabei nie seine Kärntner Heimat leugnet, ist ein Genuss!

Heringskönig

Uns eher unter seinem französischen Namen St. Pierre bekannt. Eine dicke Filettranche, auf der Haut knusprig gebraten, auf einem Sockel von Rote-Bete-Risotto angerichtet und mit einem ebenfalls mit Roter Bete eingefärbtem Kartoffelpüree bedeckt. Für das Püree hat man die durchgedrückten Kartoffeln statt mit Milch mit Rote-Bete-Saft aufgeschlagen, schließlich erneut durch die Presse gedrückt – so entstehen die dekorativen Fäden. Der Risotto wurde mit einem Ring zum Sockel geformt. Dazu gibt es mit Ingwer gewürzten Spitzkohl sowie eine duftige Weißweinsauce mit Schnittlauch.

Hotel
Schloß Hubertushöhe
Robert-Koch-Straße 1
15859 Storkow
Tel: 03 36 78 / 43-0
Fax: 03 36 78 / 43-100
www.hubertushoehe.de

Restaurant
Windspiel
Di–So 12–14.30,
ab 18

Dessert

Eine Komposition aus drei verschiedenen Teilen: Vorn eine halbkugelförmige Praline aus orangenduftender Schokolade. Sie wurde mit einer offenen Flamme rundum abgebräunt – die karamellisierte Oberfläche sieht nicht nur interessant aus, sie beeinflusst natürlich auch den Geschmack. Die kunstvoll arrangierten Erdbeeren sind mit weißem Pfeffer übermahlen und mit fein geschnittenen Minzeblättern gewürzt. Das Passionsfruchttörtchen bringt Frische und exotischen Duft: Die Creme aus dem Püree der Frucht ist duftig und federleicht. Der Deckel aus Fruchtgelee obenauf glänzt wie poliert.

Das Restaurant »Windspiel« mit dem prächtigen Gründerzeitbuffet, getäfelten Wänden und mattschimmerndem Eichenparkett bildet den passenden Rahmen für ein denkwürdiges Menü – es ist übrigens Zufall, dass der Küchenchef im Jagdschloss Jäger heißt ... Die Tische stehen in angenehmem Abstand, Riedelgläser, Besteck von Paloma Picasso, Blumenbouquets prägen die Atmosphäre.

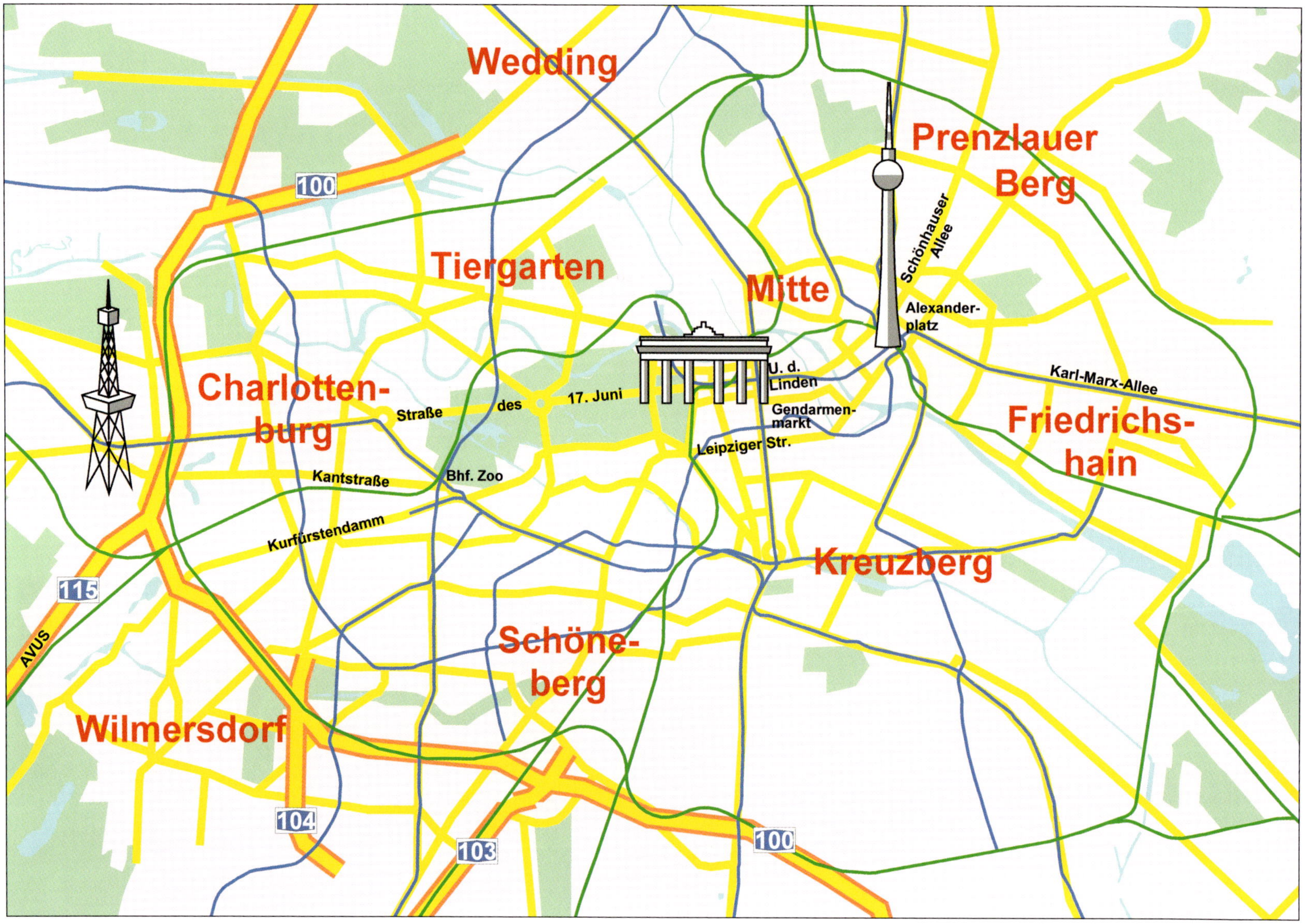

Stichwortverzeichnis

Rezeptregister

Adressenverzeichnis

(genaue Angaben finden Sie auf den jeweiligen Seiten)